Vente des *20 et 21 Octobre 1905.*

(HOTEL DROUOT)

CATALOGUE

DE

LIVRES ANCIENS

ET DE

LIVRES MODERNES ILLUSTRÉS

RELIURES ROMANTIQUES

PARIS

LIBRAIRIE HENRI LECLERC

219, RUE SAINT-HONORÉ, 219

ET 16, RUE D'ALGER

1905

CHARTRES. — IMPRIMERIE DURAND, RUE FULBERT.

CATALOGUE

DE

LIVRES ANCIENS

ET DE

LIVRES MODERNES ILLUSTRÉS

LA VENTE AURA LIEU

LES VENDREDI 20 ET SAMEDI 21 OCTOBRE 1905

A 2 HEURES PRÉCISES

HOTEL DES COMMISSAIRES-PRISEURS, 9, RUE DROUOT

Salle N° 10

Par le Ministère de **Me MAURICE DELESTRE**, commissaire-priseur

5, RUE SAINT-GEORGES, 5

Assisté de **M. HENRI LECLERC**, libraire

219, RUE SAINT-HONORÉ, 219

ET 16, RUE D'ALGER

———

VOIR L'ORDRE DES VACATIONS A LA FIN DU CATALOGUE

———

CONDITIONS DE LA VENTE

La vente se fait au comptant.

Les adjudicataires paieront 10 pour 100 en sus des enchères.

Les livres vendus devront être collationnés dans les vingt-quatre heures de l'adjudication. Passé ce délai, ils ne seront repris pour aucune cause.

M. LECLERC se réserve la faculté, dans l'intérêt de la vente, de réunir ou de diviser les numéros du catalogue. Il remplira les commissions qu'on voudra bien lui confier.

CATALOGUE

DE

LIVRES ANCIENS

ET DE

LIVRES MODERNES ILLUSTRÉS

RELIURES ROMANTIQUES

PARIS

LIBRAIRIE HENRI LECLERC

219, RUE SAINT-HONORÉ, 219

ET 16, RUE D'ALGER

1905

CATALOGUE

DE

LIVRES ANCIENS

ET DE

LIVRES MODERNES ILLUSTRÉS

LIVRES ANCIENS

1. **AGRIPPAE** (Henrici-Cornelii) ab Nettesheym... de Incertitudine et vanitate scientiarum et artium, atqz excellētia verbi Dei, declamatio. *S. l. n. d.* ; pet. in-8, mar. vert, dos orné, titre en long, fil., tr. dor. (*Rel. anc.*).

    Édition du xvie siècle, sans retranchements.

2. **ALCORANUS** Franciscanorum, id est Blasphemiarum et nugarum Lerna de stigmatisato I dolo quod Franciscum vocant ex libro conformitatum. Versiculus Franciscanorum Franciscus est in cœlo. Responsio quis dubitat de illo ? Antiphona. Totus mundus. *Davientriæ, Typis Johannis Colombii,* 1651, pet. in-12, mar. vert foncé, double encad. de fil. sur les plats avec ornem. aux angles, dos orné, tr. dor. (*Rel. anc.*).

    Texte latin de l'*Alcoran des Cordeliers* contenant les préfaces de *Martin Luther* et de *Erasme Alberus.*

    Exemplaire dans une reliure ancienne portant, au centre des plats, un chiffre formé de deux C entrelacés surmonté d'une couronne.

3. **ANACRÉON** vengé, ou Lettres au sujet d'une prétendue traduction d'Anacréon (de Poinsinet de Sivry),

annoncée et louée sans cause par les Auteurs de l'*Année littéraire* (de Fréron, par David). *Paris*, 1757 ; in-12, mar. rouge, filets, dos orné, tr. dor. (*Rel. anc.*).

> A la suite, du même auteur : *Lettre ou Conseils d'une dame de Paris à une Demoiselle de province sur le choix d'un époux. A Cythère, au dépens de l'Hymen*, 1756.
>
> Aux armes de MARQUET, Conseiller au Parlement de Bordeaux. La reliure est ornée, aux angles des plats et sur le dos, du croissant et du lion, parties des armoiries de Marquet.

4. ANNÉE CHRÉTIENNE (L'), contenant les messes des Dimanches, Fêtes et Féries de toute l'année, en latin et en français. *Paris*, 1741 ; 13 vol. in-12, mar. citron, fil. à froid, tr. dor. (*Rel. anc.*).

> Exemplaire aux armes de Marie-Louise-Angélique de Talaru de Chalmazel, MARQUISE DE LA CROIX DE CASTRIES. (Le tome 5 n'a pas d'armoiries, la reliure est uniforme).

5. ARISTOTE. La Poétique d'Aristote contenant les règles les plus exactes pour juger du poème héroïque et des pièces de theâtre, la tragédie et la comédie. Traduite en françois avec des remarques critiques sur tout l'ouvrage par M. Dacier. *Amsterdam*, 1733 ; in-12, front., mar. rouge, fil., dos orné, dent. int., tr. dor.

> Orné d'un frontispice et d'une vignette de titre par *Punt*.
> Exemplaire relié par DEROME.

6. AUGUSTINI doctoris eximii ad beatū Cyrillū secund' Iherosolomitanū episcopū de magnificētiis eximii doctoris btī Iheronimi psbiteri. — CYRILLI epistola ad beatū Augustinū... de miraculis beati Iheronimi. — IHERONIMI ad Susannam lapsam et ad Elyodorum epistolae. 1 vol. in-4, goth., de 63 ff. non chiff., mar. viol., comp. de fil. or et à fr., dos orné.

> Bel exemplaire d'un volume imprimé à Cologne par Ulric Zell.

7. BIBLIA aurea, cum suis historiis necnon z exēplis veteris atqz novi testamēti. (In fine) : *In edibus ascensianis in parrhisiorū academia, calend' martiis, anno salutis* M.D.XIII, pet. in-4, goth., de 83 ff. chiff. et 2 ff. non chiff. pour la table, demi-rel. mar. noir.

8. BIBLIA SACRA, vulgatæ editionis. *Parisiis, excudebat Antonius Vitré*, 1652 ; 8 tomes reliés en 11 vol. in-12, mar. rouge, dos orn. à petits fers, double encad. sur

les plats avec orn. aux coins dor. aux petits fers, tr. dor. (*Rel. anc.*).

> Exemplaire réglé dans une belle reliure ancienne.
> Aux armes de CHARLES LEGOUX DE LA BERCHÈRE, Évêque de Narbonne. Cet exemplaire a appartenu à son successeur qui a mis son nom sur les titres : *Monseigneur de Beauvau, Archevêque de Narbonne.*

9. **BOSSUET**. Élévations à Dieu sur tous les Mystères de la religion chrétienne. Ouvrage posthume de Messire Jacques-Benigne Bossuet, Évêque de Meaux... *Paris, Jean Mariette,* 1727, 2 vol. in-12, mar. vert, filets, dos orn. de fleurs de lys, tr. dor. (*Rel. anc.*).

> ÉDITION ORIGINALE.
> Bel exemplaire aux armes de la Reine MARIE LECZINSKA, femme de Louis XV.

10. BOUHOURS (le P.). Pensées ingénieuses des anciens et des modernes. *Paris, Desprez,* 1758, in-12, mar. rouge, dos orné, fil., tr. dor. (*Rel. anc.*).

11. BOUVET. État présent de la Chine, en figures (par J. Bouvet). *Paris, Pierre Giffart,* 1697, in-fol., fig., mar. rouge, compart. de fil. sur les plats, dent. int., tr. dor. (*Rel. anc.*).

> Orné de 42 planches de costumes COLORIÉES.
> Reliure ancienne ornée de fleurs de lis au dos et aux angles des plats.

12. BRETTEVILLE. Essais de Sermons pour tous les jours du Carême, contenant six discours différens pour chaque jour et des sentences choisies de la Sainte-Écriture et des Pères de l'Église pour chaque discours, avec la traduction de ces sentences. *Paris, Denys Thierry,* 1685, 3 vol. in-8, mar. rouge, fil. et coins orn. à la Du Seuil, dos orn., tr. dor. (*Rel. anc.*).

> Bel exemplaire aux armes de Nicolas de LA REYNIE, lieutenant de la police de la ville de Paris. Sa signature autographe se trouve sur la garde de chaque volume.

13. BRIDAULT. Mœurs et coutumes des Romains, par M. Bridault, maître de pension. *Paris, Lemercier,* 1754, 2 vol. in-12, mar. rouge, filets, dos orn., dent. int., tr. dor. (*Rel. anc.*).

> Bel exemplaire aux armes de la COMTESSE DE PROVENCE.

14. CABINET ROMAIN (Le Grand), ou Recueil d'Anti-

quitez romaines qui consistent en bas reliefs, Statues des Dieux et des Hommes, Instruments sacerdotaux, Lampes, Urnes, Seaux, Brasselets, Clefs, Anneaux et Phioles lacrimales que l'on trouve à Rome, avec les explications de Michel Ange de La Chausse. (Traduit en français par Dom Joachim Roche, benedictin de Saint-Vannes, par Luykenin. *A Amsterdam, chez François L'Honoré et Zacharie Chastelain le fils,* 1706, in-fol., fig., mar. rouge, dos orné, fil. et coins dor. à la Du Seuil, garde de papier vert et doré, tr. dor. (*Rel. anc.*).

> 1 frontispice et 157 figures à plusieurs sur la même planche ; dans les dernières se trouvent plusieurs sujets priapiques.
> Bonne reliure ancienne portant à l'intérieur un grand ex-libris.

15. **CAHAGNESIUS.** Elogiorum civium cadomensium centuria prima. Authore Jacobo Cahagnesio cadomensi medicinae professore regio. *Cadomi, J. Bassi,* 1609, pet. in-4, demi-rel. chag. grenat.

> L'exemplaire est NON ROGNÉ mais une des marges du titre a été coupée.

16. **CALENDRIER NOBILIAIRE.** Der Durchlauchtigen Welt zum ein und dreysigstenmal neu vermehrter und verbesserter und Wappen Calender auf das Yahr nach der heilbringenden geburt Jesu Christi 1753. Nebst historicher Erklarung der Krönungsmunze der Römischen Konigs. Ferdinand von A, 1653. *Nurenberg, Christoph Weigels,* in-8, fig., mar. rouge, dent. sur les plats (*Rel. anc.*).

> Calendrier du monde serenissime, 33e année, 1753, avec les blasons du Pape, des Nosseigneurs de Rome, des Rois, des Princes, etc., au nombre de 110 armoiries et 1 frontispice allégorique signé *Tyroff*.
> Les feuillets 74 et 76 manquent.

17. **CALENTII** (Elisii). Amphratensis et Phalaridis epistolae breves admodū et studiose juventuti omnibusq ; eloquentie candidatis, non minus utiles. *Veneunt in officina Reginaldi Chauldière* (Et in fine :) *Parisiis ex officina Pedri Vidovaei octavo calendas Junii,* MDXXI, 2 part. en 1 vol. in-4, demi-rel. veau fauve.

> Marque de R. Chaudière sur le titre de la seconde partie.

18. **CATÉCHISMES** ou abrégés de la Doctrine chré-

tienne, imprimés par l'ordre de Monseigneur l'Archevêque de Bourges. *Bourges, François Toubeau*, 1703, 2 vol. in-8, front., mar. rouge, fil. à la Du Seuil, tr. dor. (*Rel. anc.*).

Aux armes de Paul GODET DES MARAIS, évêque de Chartres, confesseur de Mᵐᵉ de Maintenon.

19. CHARPENTIER. Les vrais principes de l'épée dediez à Monseigneur le duc de Villeroy, par le sieur Charpentier, maître en fait d'armes, de l'Académie du Roi de Lyon. *Amsterdam*, 1742, in-8, veau marb., dos orné, tr. jasp. (*Rel. anc.*).

20. COIFFURES. Les différents goûts et nouvelles modes de coeffures V. Theil. *Zu finden bey Joh. Martin Will, in Augsburg, s. d.*, in-12 broché, dans un carton avec titre et encadrement gravés.

24 planches de coiffures gravées à l'eau-forte et coloriées.

21. CONNAISSANCE des temps, ou Connaissance des mouvements célestes pour l'année bissextile 1784... *Paris, Imprimerie royale*, 1781, pet. in-8, mar. rouge, filets, dos orné, tr. dor. (*Rel. anc.*).

Bel exemplaire aux armes du chevalier de FLEURIEU et avec son ex-libris à l'intérieur.

22. DARDANUS, tragédie en quatre actes (par de la Bruere, remise au théâtre avec des changements par Guillard), représentée pour la première fois par l'Académie royale de musique, le mardi 30 novembre 1784. *Paris, P. de Lormel*, 1784, in-4, mar. olive, dentelle fleurdel., dos fleurdel., doublé de moire bleue, tr. dor. (*Rel. anc.*).

Exemplaire aux armes du comte de PROVENCE.

23. DAZILLE. Observations générales sur les maladies des climats chauds, leurs causes, leur traitement et les moyens de les prévenir, par M. Dazille, médecin du Roi à Saint-Domingue. *Paris, P.-F. Didot*, 1785, in-8, mar. rouge, fil. et fleurons, dos orné, tr. dor. (*Rel. anc.*).

Exemplaire aux armes du marquis de LACROIX DE CASTRIES.

24. DUGUET. Traittez sur la Prière publique et sur les dispositions pour offrir les SS. Mystères et pour y par-

ticiper avec fruit. (Par Jac.-Jos. Duguet). *Paris, Jacques Estienne*, 1708, in-16, mar. rouge, fil., dos orné, doublé de mar. vert, large dent., tr. dor. (*Rel. anc.*).

25. DU MOULIN (Pierre). Accroissement des Eaux de Siloé, pour esteindre le feu de Purgatoire, et noyer les satisfactions humaines et les indulgences papales. Contre les raisons et allégations d'un cordelier portugais, défendues par trois escrits : dont l'un est du mesme cordelier, intitulé *Le Torrent de feu*, etc. Les autres de deux Docteurs de la Sorbonne, l'un intitulé *La Fournaise ardente*, l'autre *Le Feu d'Hélie. Genève, Pierre Aubert,* 1624, in-8, mar. rouge, jans., dent. int., tr. dor. (*Canape*).

26. DU MOULIN (Pierre). De la Vocation des Pasteurs. *Genève, Pierre Aubert,* 1624, in-8, mar. rouge, jans., dent. int., tr. dor. (*Canape*).

27. DU MOULIN (Pierre). Eléments de la Logique françoise. *Genève, Pierre Aubert,* 1625, in-8, mar. rouge, jans., dent. int., tr. dor. (*Canape*).

Bel exemplaire.

28. DU VAIR. Arrests sur quelques questions notables prononcez en robbe rouge au Parlement de Provence. Par le Sr D. V. Pr. Pr. audict Parl. *A Paris, chez Abel L'Angelier,* 1606, in-8, mar. rouge, double rangée de fil. sur le dos et sur les plats, tr. dor. (*Rel. anc.*).

Jolie reliure ancienne portant sur les plats un chiffre formé de 2 R entrelacés en sens inverse. — Le titre est imprimé dans un très joli encadrement composé d'animaux, en haut et en bas, et de fleurs sur le côté (un nom a été gratté sur le titre).

29. EDIFICATIO salutifere legis : omnes ceteras improbans articulos fidei christiane necessarias propositiones demonstrative probando. (In fine :) *Impressum ē hoc opus Cadomi in officina Laurentii hostingue impressoris ibidem commorantis : juxta turrim vulgariter dictam : Au landoys : expēsis Michaelis āgier religatoris universitatis Cadomensis : et Johānis Mace cōmorantis Rhedonis prope sancti salvatoris. Caen, s. d.,* pet. in-8 de 32 ff. non chiff., veau fauve, comp. de fil. et encad. à froid.

Marque de J. Mace au verso du dernier feuillet.

30. EPITOME trium Terræ partium, Asiæ, Africæ et

Europæ compendiariam locorum descriptionem continens, præcipue autem quorum in Actis Lucas, passim
autem Evangelistæ et Apostolimeminere... Per Joachi-
mum Vadianum Cos. Sangallensem... *Tiguri, apud
Frosch*, 1548, in-8, vélin blanc (*Rel. anc.*).

Aux premières armes de Jacques-Auguste de Thou.

31. ETAT DU REGIMENT des Gardes françaises pour
la revue du Roy en l'année 1771. *S. l. n. d.*, in-8 de
21 ff., mar. rouge, fil., dos orné, tr. dor. (*Rel. anc.*).

État manuscrit, le titre est dans un encadrement dessiné à la plume.
Aux armes de BOFFIN DE LA POYPE.
Reliure bien conservée.

32. FLAVIGNY (C.-F. de). Principes fondamentaux de
la construction des places, avec des réflexions propres
à démontrer les perfections et les imperfections de
celles qui sont construites ; un nouveau système de
fortification sur toute espèce de ligne, et une nouvelle
théorie des mines (par le vicomte C.-F. de Flavigny).
Londres, et se trouve à Paris, chez Ruault, 1775, in-8,
7 planches, n ar. rouge, filets, dos orné, tr. dor. (*Rel.
anc.*).

Exemplaire aux armes du duc d'ORLÉANS.

33. FLEURIEU (Eveux de). Voyage fait par ordre du Roi
en 1768 et 1769, à différentes parties du monde, pour
éprouver en mer les Horloges marines inventées par
M. Ferdinand Berthoud. *Paris, Imprimerie Royale*,
1773, 2 vol. in-4, fig., mar. rouge, filets, dos orné, tr.
dor. (*Rel. anc.*).

Aux armes de BOURGEOIS DE BOYNES, ministre de la Marine.

34. FORNERIUS. Dyalogus Anthonii Fornerii Cuciaceñ.
sacre theologie professoris de peccato originali et con-
ceptione intemerate virginis Marie. (In fine): *Rothomagi
impressi impensa impensa Raulini gaultier in vico
magno pontis juxta fardellum commorantis, s. d.*, pet.
in-8 goth. de 32 ff. non chiff., veau fauve, comp. de
fil et encad. à fr.

Grande marque de Raulin Gaultier sur le titre. Petit livre rare.

35. GALLANDIUS. Petri Castellani magni franciæ elle-
emosynarii vita, auctore Petro Gallandio regio latina-

rum literarum professore. Stephanus Baluzius Tutelensis nunc primum edidit et notis illustravit. *Parisiis, apud Franciscum Muguet*, 1674, in-8, mar. rouge, filets, dos orné, tr. dor. (*Rel. anc.*).

A la suite de cet ouvrage se trouve celui de P. Du Chastel : *Le Trespas, Obseques et Enterrement de treshault, trespuissant, et tres-magnanime François, par la grâce de Dieu, Roy de France, treschrestien, premier de ce nom, prince clément, père des ars et sciences. Les deux sermons prononcez esdictes obseques : l'ung à Nostre Dame de Paris, l'outre à Sainct Denys en France. Par Pierre Du Chastel, Evesque de Mascon.*

Aux armes de J.-B. Colbert et avec son chiffre au dos, entre les nerfs.

Bel exemplaire des Bibliothèques Turner et Quentin-Bauchart.

36. GAMET (J.-M.). Théorie nouvelle sur les maladies cancéreuses, nerveuses, et autres affections du même genre... *Paris, Ruault*, 1772, 2 tomes en 1 vol. in-8, mar. rouge, dos orné, filets, tr. dor. (*Rel. anc.*).

Exemplaire orné d'un titre gravé au deuxième volume.
Reliure aux armes de Crozat.

37. GRENADE (Louis de). Le Catéchisme, ou introduction au symbole de la foy. Composé en espagnol par le R. P. Louis de Grenade, de l'ordre de Saint-Dominique, traduit de nouveau en français par M. Girard, conseiller du Roy. *Paris, Pierre Le Petit*, 1684-1685, 4 vol. in-8, mar. rouge, fil., dos ornés à petits fers, tr. dor. (*Rel. anc.*).

Bel exemplaire réglé dans une excellente reliure de Boyet.

38. GRENADE (Louis de). Le Catéchisme, ou Introduction au Symbole de la Foy. Composé en espagnol par le R. P. Louis de Grenade, de l'ordre de Saint-Dominique, traduit de nouveau en français par M. Girard, conseiller du Roy. *Paris, Pierre Le Petit*, 1709, 4 vol. in-8, mar. rouge, filets, dos orné, tr. dor. (*Rel. anc.*).

39. GRENADE (Louis de). Le Mémorial de la Vie chrestienne... divisé en sept livres... traduit de nouveau en français par M. Girard... *Paris, Pierre Le Petit*, 1684, 2 vol. — Additions au Mémorial de la vie chrestienne, où il est traité de l'Amour de Dieu et des principaux mystères de la vie de Nostre Sauveur... *Paris, Pierre Le Petit*, 1667. — Ensemble 3 vol. in-8, mar. rouge,

dos orn. à petits fers, 3 fil. sur les plats, tr. dor. (*Rel. anc.*).

Bel exemplaire réglé dans une excellente reliure de BOYET.

40. GRENADE (Louis de). Traité de l'Oraison et de la Méditation, contenant les Considérations que l'on peut faire sur les mystères de notre foy... Traduit, de nouveau, en français, par M. Girard... *Paris, Pierre Le Petit*, 1685, 2 vol. in-8, mar. rouge, dos orné à petits fers, fil., tr. dor. (*Rel. anc.*).

Bel exemplaire réglé dans une excellente reliure de BOYET.

41. GUILLARD (N.-F). Electre, tragédie en trois actes (par Nicolas-François Guillard), représentée pour la première fois par l'Académie royale de musique, le mardi 2 juillet 1782. *Paris, P. de Lormel*, 1782, in-4, mar. vert, dentelle fleurdel., dos fleurdel., doublé de moire bleue, tr. dor. (*Rel. anc.*).

Exemplaire aux armes du comte de PROVENCE.

42. HABILLEMENS, Mœurs et Coutumes dans les provinces septentrionales des Pays-Bas. *Amsterdam, Maaskamp, s. d.*, in-4, cart., demi-toile rouge.

Collection de 20 planches COLORIÉES, gravées par *Portman*, d'après *Kuyper*.

43. HEURES. Livre d'heures (en latin), manuscrit du xıve siècle, sur parchemin, pet. in-8, de 94 ff. non chiff., tr. dor., velours noir.

Manuscrit très incomplet orné de lettres enluminées.

44. HIELIUS. Ab Urbanum VIII Pont. Opt. Max. In coniugio Thaddæi Barberini et Annæ Colvmnæ Panegyris Leuini Hielij, in-4, vélin souple, double encad. de fil. sur les plats (*Rel. anc.*).

Manuscrit sur VÉLIN, d'un Panégyrique du xvııe siècle, comprenant 1 titre et 10 ff. n. chiff., calligraphiés avec soin ; le titre est dans un encadrement dessiné à la plume.
La reliure est aux armes de BARBERINI et MAGALOTI, de Florence, les coins sont ornés de l'abeille des Barberini.

45. HOLBACH (d'). La Politique naturelle, ou discours sur les vrais principes du gouvernement, par un ancien magistrat (par le baron d'Holbach). *Londres*, 1773,

in-8, mar. rouge, fil., dos orné, dent. int., tr. dor.
(*Rel. anc.*).

Bonne reliure de DEROME.

46. HORACE. Les Poésies d'Horace, disposées suivant
l'ordre chronologique et traduites en français avec des
remarques et des dissertations critiques par le R. P.
Sanadon, de la Compagnie de Jésus. *A Paris, chez de
La Roche*, 1728, 2 vol. in-4, front., mar. rouge, filets,
dos orn. à la grotesque, dent. int., tr. dor. (*Rel. anc.*).

Bel exemplaire relié par PADELOUP.

47. HORACE. Quinti Horatii Flacci Opera. *Londini
Aeneis Tabulis incidit Johannes Pine*, 1733-1737, 2 vol.
in-8, fig., mar. rouge, milieu dor. sur les plats avec
dent. et ornem. encad. le milieu, tr. dor. (*Rel. anc.
anglaise*).

Édition entièrement gravée.
Incomplet d'une gravure au tome 2 (Livre I des *Satires*).

48. HORE dive virginis Marie secūdum usū Romanum
cum aliis multis in sequentibus notatis una cum figuris
Apocalipsis ut monstrat in calce tabula. *Noviter impres-
sis Parisius impēsis honesti viri Germani Hardouyn cō-
morentis inter duas potas palatii ad intersignium sancte
Marguarete.* (In fine :) *Finit officium beate Marie...
Noviter impressuz per Germanum Hardouyn...,* s. d.
(almanach de 1526 à 1541), pet. in-8 de 80 ff., non
chiff., lettres rondes, figures, dos et coins mar. gr.

Marque de G. Hardouyn à la première page, 11 grandes figures
et 25 petites, toutes enluminées. Chaque page est ornée d'une bordure peinte. Exemplaire incomplet des feuillets D1, D8 et L1.

49. HUGO DE S. CARO. Reverendissimi in xp̄o patris z
domini dni Hugonis de sancto charo sacrosante ecclesie
Romane tituli sancte sabine cardinalis primi de ordine
beati dnici, Postilla super epistolas et evangelia : tā
de tempore q̄z de sanctis : per totum anni circulum.
Venales habes in Leone argenteo vici sancti Jacobi, s. d.
(*Jehan Petit*, vers 1495), gr. in-4 goth. à 2 col. de 303
ff. chiff., veau fauve, double encad. à fr. (*Rel. du
XVI° siècle fatiguée*).

50. IMBERT. Historiettes et Nouvelles en vers. *Amster-*

dam (*Paris, Delalain*), 1774; in-8, fig., mar. rouge
jans., dent. int., tr. dor. (*Durvand*).

> Titre dessiné et gravé par *Moreau*, 1 figure et 4 charmantes vi-
> gnettes de *Moreau*, gravées par *Masquelier* et *Née*.

51. IMBERT. Le Jugement de Pâris, poème en IV
chants, suivi d'Œuvres mêlées. *Amsterdam*, 1774; in-8,
fig., mar. rouge, jans., dent. int., tr. dor. (*Durvand*).

> Titre gravé par *Moreau*. 4 figures hors texte par *Moreau* et 4
> vignettes par *Choffard*. — Jolies illustrations.

52. JEAN CHRYSOSTOME. Abrégé de S. Jean Chrysostome sur le Nouveau Testament (par Paul-Antoine
de Marsilly). *A Mons, chez Gaspard Migeot*, 1676;
2 vol. in-8, mar. rouge, filet sur les dos, sur les plats
et à l'int., tr. dor. (*Rel. anc.*).

> Traduction du *Nouveau Testament* de Port-Royal.

53. JOINVILLE. Histoire de S. Loys IX du nom, Roy
de France. Avec diverses pièces du mesme temps non
encor imprimées, et quelques observations historiques.
Par Me Claude Ménard, Conseiller du Roy. *Paris, Sé-
bastien Cramoisy*, 1617; pet. in-4, port., veau brun,
fil. sur le dos et sur les plats.

> Orné de 2 beaux portraits de Saint Louis et de Louis XIII par
> *Léonard Gaultier*.
> Cette édition contient à la suite: *Sancti Ludovici Francorum regis,
> vita, conversati et miracula, per F. Gaufridum de Bello-loco Confes-
> sorem, et F. Guillelmum Carnotensem capellanum eius, Ordinis Predi-
> catorum... Lutetiæ Parisiorum*. 1617.
> Exemplaire aux armes de Jacques-Nicolas COLBERT, Archevêque
> de Rouen, et avec la signature d'Etienne Baluze sur le titre.

54. JUVENAL. D. Junii Juvenalis et auli Persii Flacci
Satyræ. Cum annotationibus Thomæ Farnabii. *Amste-
rodami, apud Joannem Janssonium,* 1642; pet. in-12,
titre gravé, mar. brun clair, compart. et orn. couvrant
les plats, dos orné, tr. dor., fermoirs. (*Rel. anc.*).

> Joli exemplaire.

55. LACOMBE, avocat. Abrégé chronologique de l'histoire ancienne des Empires et des Républiques qui
ont paru avant Jésus-Christ. *Paris, Herissant*, 1657;
pet. in 8, mar. rouge, filets, dos orné, tr. dor. (*Rel.
anc.*).

> Bel exemplaire.

56. LAMBERT (Marquise de). Réflections nouvelles sur
les femmes, par une dame de la cour (par Anne-
Thérèse de Marguenat de Courcelles, marquise de
Lambert) 1728, in-8°, manuscrit de 87 pag., mar.
rouge, tr. dor. (*Rel. anc.*).

57. LE B*** de la Cour et de Paris. In-8, mar. rouge, dos
orné à la grotesque, fil., tr. dor. (*Padeloup*).

> MANUSCRIT du XVIIIe siècle, comprenant: *Le B*** de la Cour et
> de Paris; La Chronique Scandaleuse de Paris*, et terminé par *Arrêt
> touchant les Femmes de mauvaise vie de la rue Baillehol, près Saint-
> Merry*. — On y trouve de longs détails et de curieuses anecdotes
> sur les mœurs de la Cour et de Paris à cette époque.
>
> La garde porte cette note manuscrite: *Melanges hist. des plus
> curieux, pour la Chronique de la Cour des Rois de France et pour la
> Chronique de Paris*. — *Ouvrage non publié*.

58. LE ROY DE BOSROGER. Principes de l'art de la
guerre. Développés d'après les meilleurs exemples et
appliqués, tant aux opérations d'un corps d'armée
qu'à celles des détachements particuliers. *Paris, Cellot
et Jombert*, 1779, in-8, 8 planches, mar. rouge, fil.,
dos orné, tr. dor., (*Rel. anc.*).

> Exemplaire aux armes de SARTINE.

59. LEUPOLD. Compilatio Leupoldi ducatus Austrie filii
de astrorum scientia, decem continens tractatus. In fine :
*Explicit feliciter Erhardi Ratdolt Augusten. viri solertis:
eximia industria mira imprimendi arte : qua nup. vene-
ciis nunc auguste vindelicorum excellit nominatissimus.
Quinto ydus Januarii. MCCCC LXXXIX currente*, in-4,
de 108 ff. non chiff., cart.

> Exemplaire bien conservé d'un volume orné de nombreuses figures
> gravées sur bois.

60. L'HOPITAL (Marquis de). Analyse des infiniment
petits. *Paris, Moutard*, 1768, in-8, fig., mar. rouge,
fil. et coins orn., dos orné, gardes de papier doré, tr.
dor. (*Rel. anc.*).

> Orné de 8 planches se dépliant.
> Aux armes de SARTINE, lieutenant-général de police, dans un
> médaillon de feuilles et ruban.

61. LIVII (Titi) Historiarum libri ex recensione Hein-
siana. *Lugd. Batavorum, ex officina Elzeviriana, anno*

1634, 3 vol. pet. in-12, mar. bleu, fil., tr. dor (*Rel. anc.*).

Bel exemplaire de cette bonne édition imprimée par Bonaventure et Abraham Elzévier.

62. LOCKE. De l'Éducation des enfans, traduit de l'anglais de M. Jean Locke par M. Coste... Nouvelle édition ornée du portrait de l'auteur. *Londres et Paris, Servière*, 1783, 2 vol. in-12, port., mar. rouge, filets, dos orné, tr. dor. (*Rel. anc.*).

Bel exemplaire aux armes de HUE DE MIROMESNIL, Chancelier de France.

63. MALFILATRE. Narcisse dans l'isle de Vénus, poëme en quatre chants. *Paris, Lejay*, 1769, in-8, fig., mar. rouge, jans., tr. dor. (*Durvand*).

Titre par *Ch. Eisen*, gravé par *De Ghendt* et 4 figures par *G. de Saint-Aubin*, gravées par *Massard*.

64. MARIE-ANTOINETTE. L'Autrichienne en goguette, ou l'orgie royale. Opéra-proverbe composé par un Garde-du-Corps (Mayeur de Saint-Paul). 1789, 16 pages. — Bord... R..., suivi d'un entretien secret entre la Reine et le Cardinal de Rohan, après son entrée aux Etats Généraux. Le B. se trouve à Versailles, dans l'appartement de la Reine. *S. l. n. d. (Paris*, 1789), 16 pages. — En un vol. in-8, dos et coins de mar. rouge (*Petit-Simier*).

Pamphlets des plus violents et des plus rares.

65. MAUPERTUIS. Eléments de géographie, par M. de Maupertuis. Nouvelle édition. *Paris, Martin, Bapt, Coignard et Guerin*, 1742, in-8, mar. rouge, fil., dos orné, tr. dor. (*Rel. anc.*).

Bel exemplaire aux armes du chancelier d'AGUESSEAU.

66. MOREL DE CHÉDEVILLE. Panurge dans l'isle des Lanternes, comédie-lyrique en trois actes, représentée pour la première fois par l'Académie royale de musique le mardi 25 janvier 1785 (par Etienne Morel de Chédeville). *Paris, P. de Lormel*, 1785, in-4, mar. rouge, dentelle fleurdel., dos fleurdel., doublé de moire rose, tr. dor. (*Rel. anc.*).

Exemplaire aux armes de MADAME ADÉLAÏDE, fille de Louis XV.

67. NECKER. De l'Administration des Finances de

France. Par M. Necker. *S. l.*, 1784, 3 vol. in-8, mar. rouge, filets, dent. int., tr. dor. (*Rel. anc.*).

Reliure de DEROME, très fraîche.

68. NOUVEAUX CARACTÈRES de la famille roïale, des ministres d'État et des principales personnes de la Cour de France avec une supputation exacte des revenus de cette couronne. *A Villefranche, chez Paul Pinceau*, 1703, in-12, mar. rouge, dentelle, dos orné, tr. dor. (*Rel. anc.*).

Édition en gros caractères. Le titre, en mauvais état, est doublé.

69. ŒUVRES THÉATRALES, composées de pièces de différens bons Auteurs en six volumes in-octavo. A savoir de M** Du Berry, Poisson, Destouches, de La Chaussé, Genest, Boissy, Romagnesi, de la Noue, de Mariveau, de Huau, de Gresset, Fagan, Cuiot de Merville, et autres. *Amsterdam*, 1761 ; 6 vol. petit in-8, mar. citron, dos orn., fil., tr. dor. (*Rel. anc.*).

Collection de 34 pièces ayant, chacune, un titre spécial et une pagination séparée.

Aux armes de Béatrix de CHOISEUL-STAINVILLE, duchesse de GRAMONT.

De la Bibliothèque du comte de Lignerolles.

70. OFFICE (L') de la Semaine Saincte. *Paris, Antoine Ruette*, 1662, in-8, fig., mar. rouge, double rangée de fil. avec fleurs de lis sur les plats, dos orné, tr. dor. (*Rel. anc.*).

Exemplaire au chiffre de Louis XIV, placé au centre des plats ; sur le dos le chiffre et la fleur de lis alternent entre les nerfs.

71. OFFICE de la Semaine Sainte, latin et français, à l'usage de Rome et de Paris. *Paris, Nicolas Pépie*, 1712, in-8, mar. rouge, fil., dos orné, doublé de tabis bleu, tr. dor. (*Rel. anc.*).

Aux armes de Marie-Louise-Elisabeth D'ORLÉANS, duchesse DE BERRY.

72. OFFICE de la Semaine Sainte, latin et français, à l'usage de Rome et de Paris. *Paris, Grégoire Dupuis*, 1731, in-8, mar. vert, large dent., dos orné, doubl. de papier dor., tr. dor. (*Rel. anc.*).

73. OLIVET (l'Abbé d'). Remarques sur la langue fran-

çaise. *Paris, Barbou,* 1767, in-12, mar. rouge, dos
orné, fil. et orn. aux angles sur les plats, tr dor. (*Rel.
anc.*).

Les armes de Talleyrand-Périgord ont été ajoutées sur les
plats de la reliure.

74. OZANAM. Dictionnaire mathématique, ou idée gé-
nérale des mathématiques. *Paris, Estienne Michallet,*
1691, in-4, fig., mar. rouge, filets, dos orné à petits
fers, tr. dor. (*Rel. anc.*).

Aux armes du marquis de Chanaleilles.

75. PERRAULT. Recueil de divers ouvrages en prose
et en vers de Charles Perrault (publiés par J. Le Labou-
reur). *Paris, G. de Luyne,* 1675, in-4, mar. rouge
jans., dent. int., tr. dor. (*Canape*).

Édition originale. En-têtes et culs-de-lampe de *S. Le Clerc*.
Odes sur la Paix, sur le Mariage du Roi, sur la Naissance du
Dauphin, le Labyrinthe de Versailles, le Discours sur l'acquisition
de Dunkerque, Critique de l'Opéra, etc.

76. PHILELPHUS. Francisci Philelphi epistolarum (libri
XVI liber primus) in-4, de 272 ff. non chiff., demi-rel.
mar. vert, dos orné.

Édition du quinzième siècle, imprimée en lettres rondes.

77. POMPONII LETI viri clariss. opuscula. De Romanorum magistratibus. De sacerdotiis. De jurisperitis.
De legibus eorundem. De antiquitatibus urbis : qui
tamen alterius videtur stylo scriptus libellus. Epistolæ
aliquot familiares. Ejusdem vita per M. Antonium
Sabellicum. Opuscula præterea deo L. Fenestellæ de
Romanorum sacerdotiis ejusdem de eorudem magistratibus. *S. l. (Paris, J. Bade,* 1511), gr. in-8 de 36 ff.
chiff., demi-rel., mar. noir.

78. QUESNAY. Traité de la suppuration. *Paris, d'Houry,*
1749, in-12, mar. rouge, filets, dos orné, tr. dor. (*Rel.
anc.*).

Exemplaire aux armes de Machault d'Arnouville.

79. RACINE. Œuvres de Jean Racine. *Paris, Pierre
Didot l'aîné,* 1801, 3 vol. in-fol., fig., demi-rel. chagr.
La Vall., tête dor., non rognés.

Magnifique édition, chef-d'œuvre typographique, ornée d'un
frontispice de *Prudhon* et de 56 figures par *Chaudet, Gérard, Girodet*
etc., etc.

80. RAPINI (Renati) Hortorum libri IV et cultura hortensis hortorum historiam addidit Gabriel Brothier. *Parisiis, typis Barbou*, 1780, in-12, front., mar. rouge, large dent. sur les plats, dos orné doublé de moire bleue, tr. dor.

Exemplaire dans une jolie reliure avec larges dentelles.

81. RÉFUTATION des Erreurs de Benoit de Spinosa. Par M. de Fenelon, Archevêque de Cambrai, par le P. Lami, Bénédictin, et par M. le Comte de Boulainvilliers. Avec la vie de Spinosa, écrite par M. Jean Colerus, Ministre de l'église luthérienne de La Haye. *Bruxelles, François Foppens*, 1731, petit in-12, mar. bleu foncé, filets, dos orné, tr. dor. (*Rel. anc.*).

82. REGNIER. Les Satyres et autres Œuvres du sieur Regnier. Dernière édition. *Selon la copie imprimée à Paris (Leyde, Bonaventure et Abraham Elzevier)*, 1642, pet. in-12, mar. marbré, fil. et dos orné, coins orn. à la Du Seuil, tr. dor. (*Rel. anc.*).

Première édition publiée par les *Elzevier*. Exemplaire grand de marges ; haut. : 130 mill.

83. RELIURE DU XVIIᵉ SIÈCLE, in-fol., mar. rouge, double rangée de fil. avec fleurs de lis aux angles des plats, dent. int.

Reliure transformée en boîte ; le plat recto porte cette légende, en 7 lignes : *Constitutions sur la vraye regle de S. Benoist pour les Rses de l'Abbaye royalle de Nostre-Dame du Val de Grace*. 1623.

84. RELIURE DU XVIIIᵉ SIÈCLE. In-32, plats couverts d'ornements, dent., doublé de satin vert, avec 2 pochettes.

Reliure transformée en carnet.

85. RELIURE DU XVIIIᵉ SIÈCLE. In-8, dos couv. d'orn. et de fleurs de lis entre les nerfs, plats couv. d'ornem. formant un large encad., doublé de tabis bleu.

Reliure de Dubuisson transformée en boîte. — Elle est aux armes du COMTE D'AREMBERG et très fraîche.

86. RELIURE DU XVIIIᵉ SIÈCLE. Petit in-4, mar. rouge, dos orné de fleurs de lis, dent. formée de fleurs de lis sur les plats.

Jolie reliure aux armes de MADAME MARIE-ADÉLAÏDE, fille de Louis XV. Transformée en buvard.

87. RELIURE EMPIRE. In-4, mar. rouge à longs grains,
dos orné d'attributs, dent. sur les plats, doublé de tabis
vert.

> Reliure signée *Lefèvre*, portant les lettres A. C. entrelacées. Trans-
> formée en buvard.

88. REYRAC (L'Abbé de). Hymne au Soleil, suivi de
plusieurs morceaux du même genre qui n'ont point
encore paru. *Paris, De Bure,* 1782, in-8, mar. rouge,
fil., dos orné, tr. dor. (*Rel. anc.*).

> Aux armes de Hue de Miromesnil.
> Exemplaire de dédicace imprimé sur GRAND PAPIER.

89. ROHAUT (Jacques). Traité de Physique. *A Paris,
chez Guillaume Desprez,* 1675, 2 vol. in-12, mar. rouge,
double encad. de fil. sur les plats, avec fleurons, dos
orn., dent. int., tr. dor. (*Rel. anc.*).

> Joli exemplaire réglé, dans une très fraîche reliure. Le titre porte
> la signature d'Arnauld de Torcy.

90. RUSSIE. A Picturesque representation of the Man-
ners, Customs and Amusements of the Russians, in
one hundred couloured plates; with an accurate expla-
nation of each plate in english and french. By John
Augustus Atkinson and James Walker. *London,* 1803-
1804 : 3 tomes en 1 vol. in-fol., fig., cuir de Russie,
dent. sur les plats formant encad., tr. dor. (*Rel. du
temps*).

> Orné d'un portrait d'*Alexandre I*er et de 100 planches gravées et
> coloriées, par *Atkinson.*

91. SAINT-RÉAL. Œuvres de M. l'abbé de Saint-Réal.
Amsterdam, 1740, 6 vol. in-12, frontispices et figures,
mar. bleu à longs grains, encad. de filets et petits fers,
dos orné, tr. dor. (*Bozérian*).

> Bel exemplaire dans une jolie reliure très fraîche.

92. SAINTE-MARTHE. La Manière de nourrir les en-
fants à la mamelle. Traduction d'un poème latin de
Scevole de Sainte-Marthe, par messire Abel de Sainte-
Marthe. *Paris,* 1698, in 8, mar. rouge, filets, dos orné,
tr. dor. (*Rel. anc.*).

> Aux armes de Prondre de Guermante, avec son chiffre répété
> cinq fois sur le dos.

93. SANAZARO. Del parto della vergine del Sanazaro libri tre, tradotti in versi toscani da Giovanni Giolito de Ferrari. Al ser*mo* sig*r* don Vincenzo Gonzaga, duca di Mantoua, et di Monferrato, etc. *In Venetia, Gioliti,* 1588, in-4, texte encadré, demi-rel. chag. grenat.

> Le titre est dans un encadrement gravé sur bois, chaque livre est orné d'une jolie figure également gravée sur bois.

94. SAVOISIENNE (La première et seconde) où se voit comme les ducs de Savoie ont usurpé plusieurs états appartenant aux Rois de France, etc. etc. *S. l. (Grenoble)*, 1630, 2 part. en 1 vol., in-8, mar. rouge, encad. de filets, dos plat orné de filets (*Rel. anc.*).

> La première partie est attribuée à Ant. Arnauld et la seconde est de Bernard de Rochevoisin.
> Mouillures.

95. SPINOSA. Réflexions curieuses d'un esprit désintéressé sur les matières les plus importantes au salut, tant public que particulier (traduit du latin de Spinosa par de Saint-Glain). *Cologne, Claude Emanuel,* 1678, pet. in-12, mar. rouge, large dent. à petits fers sur les plats, dos orné, tr. dor. (*Rel. anc.*).

> L'ouvrage est accompagné du second titre, sous lequel il a été aussi publié : *Traité des cérémonies superstitieuses des Juifs tant anciens que modernes. Amsterdam,* 1778
> Joli exemplaire aux armes de Prondre de Guermante ; et avec son chiffre sur le dos de la reliure.

96. STICOTTI. Dictionnaire des passions, des vertus et des vices, ou recueil des meilleurs morceaux de morale pratique, tirée des auteurs anciens et modernes, étrangers et nationnaux (*sic*). (Par A.-F. Sticotti, publié par Sabatier de Castres). *Paris, Vincent,* 1769, 2 vol. pet. in-8, mar. rouge, fil. et fleurons aux angles, dos orné, tr. dor. (*Rel. anc.*).

> Bel exemplaire aux armes de la comtesse de Provence.

97. TARIN. Dictionnaire anatomique suivi d'une Bibliothèque anatomique et physiologique. *Paris, Briasson,* 1753, in-4, mar. noir, fil., dos orné, tr. dor. (*Rel. anc.*).

> Aux armes de Béatrix de Choiseul-Stainville, duchesse de Gramont.

98. TESTAMENT (le Nouveau). C'est-à-dire la nouvelle

alliance de nostre Seigneur Jesus-Christ. *Se vend à Charenton par Anthoine Cellier, demeurant à Paris, rue de la Harpe*, 1656, in-12, mar. fauve, plats entièrement couverts de compart. de filets et de petits fers, dos orné (*Rel. anc.*).

99. TESTAMENT (Le Nouveau) de Notre-Seigneur Jésus-Christ, traduit en français selon la Vulgate par M. Le Maistre de Sacy. *Paris, Guill. Desprez*, 1730, 2 tomes en 4 vol. in-12, mar. citron, dos orn., large dent. sur les plats, doublés de mar. rouge avec large dentelle, gardes de papier doré, tr. dor. (*Rel. anc.*).

> Exemplaire divisé en 4 parties contenant, chacune, un évangéliste, une partie des Actes des Apôtres, plus un livre d'une édition de l'*Imitation de Jésus-Christ.* — Exemplaire curieux formé et divisé ainsi par un amateur.
> Reliure bien conservée.

100. TESTAMENTUM (Novum Jesu-Christi) ad exemplar Vaticanum accurate revisum. *Parisiis, Barbou*, 1767, in-12, front., mar. citron, double encad. de fil. sur les plats avec orn. aux angles, dos orné, doublé de moire rose, dent. int., tr. dor. (*Rel. anc.*).

> Exemplaire dans une jolie reliure de *Derome*, dos orné à l'oiseau.

101. VERTOT. Histoire des Révolutions arrivées dans le gouvernement de la République romaine. Par M. l'abbé de Vertot. *Paris, Bailly*, 1778; 3 vol. in-12, mar. rouge, filets, dos orné, tr. dor.

> Bel exemplaire relié par Derome.

102. VOYAGES et Aventures de Jacques Massé (par Simon Tyssot de Patot). *A Bordeaux, chez Jacques l'Aveugle*, 1710; in-12, port., mar. rouge, fil., tr. dor. (*Rel. anc.*).

> Portrait, vignette sur le titre.

103. ZACHARIE. Les Quatre parties du jour, poëme traduit de l'allemand de M. Zacharie (par Muller). *Paris, Musier*, 1769, in-8, figures, mar. rouge, jans., dent. int., tr. dor. (*L. Durvand*).

> Frontispice et 4 figures, 4 vignettes et 4 culs-de-lampe par *Eisen*, gravés par *Baquoy*.
> Bel exemplaire.

104. ZIPOLI. Il Malmantile racquistato di Perlone Zipoli

colle note di Puccio Lamoni e d'altri. Al chiarissimo padre D. Giampietro Bergantini cherico regolare. *In Venezia, MDCCXLVIII nella stamp. di Stef. Orlandini,* in-4, portraits, mar. bleu foncé, fil., dos orné, tr. dor. (*Rel. anc.*).

Frontispice non signé, fleuron sur le titre, vignette et 3 portraits. Bel exemplaire.

RELIURES

DU COMMENCEMENT DU XIXe SIÈCLE

105. AIMÉ-MARTIN (L.). Lettres à Sophie sur la physique, la chimie et l'histoire naturelle, avec des notes par M. Patrin. Nouvelle édition. *Paris, Ch. Gosselin,* 1822, 4 vol. in-18, mar. bleu, filets dorés, encad. et milieu à froid, dos ornés, tr. dor.

4 frontispices par *Desenne.*

106. BATTEUX (l'Abbé). Histoire des causes premières, ou Exposition sommaire des pensées des Philosophes sur les principes des Etres. *Paris, Saillant,* 1769 ; in-8, mar. rouge à grains longs, dent. sur les plats entre 2 fil., tr. dor.

Bel exemplaire, en GRAND PAPIER, dans une bonne reliure du commencement du xixᵉ siècle.

107. BERNARD. Œuvres de Bernard, ornées d'une gravure d'après Prud'hon. *Paris, Janet et Cotelle,* 1823 ; in-8, front., veau bleu, milieu à froid, fil. or, dos orné, tr. marb.

Reliure de THOUVENIN.

108. BIBLIOTHÈQUE choisie pour les Dames, rédigée par Mme Dufrénoy. *Paris, Lefuel,* 1818-1819 ; 2 séries en 24 vol. in-18, fig., mar. rouge à grains longs, encad. de fil. dor. avec coins ornés et dent. à froid, tr. dor.

Jolie collection contenant des extraits de littérature et de philosophie ancienne. — Ces 24 volumes sont ornés, chacun, d'un frontispice et d'un titre gravé avec vignette.

Jolie reliure romantique.

109. COLLIN D'HARLEVILLE. Œuvres. Nouvelle édition, ornée de son portrait et enrichie d'une notice sur sa vie. *Paris, Janet et Cotelle,* 1821, 4 vol. in-8, veau grenat, comp. de fil. or. et encad. à froid, milieux entièrement ornés à fr., dent. int., tr. dor. (*Thouvenin*).

110. CONNY DE L'HOPITAL (J.-G.). Mes folies littéraires, dédiées aux femmes. *A Paris, chez tous les marchands de nouveautés, an XIII* (1805), in-8, mar. rouge, dent., dos orné, tr. dor.

> Le premier plat porte l'inscription suivante en lettres d'or : *A S. A. R. Mgr le prince Ferdinand, duc de Wurtemberg.*

111. COSTUMES ITALIENS. Galerie de Costumes peints d'après nature par divers artistes et lithographiés par Alophe, Janet-Lange et Dollet. (*Paris, chez Aubert*) *s. d.*: in-fol. chag. vert, fil. et orn. dor. entrelacs à froid sur les plats, doublé de moire blanche, tr. dor.

> Album de 50 grandes lithographies coloriées avec soin.
> Aux armes de Charles X.
> Cassure au titre, raccommodée.

112. DAGIER. Histoire chronologique de l'Hôpital général et Grand Hôtel-Dieu de Lyon, mêlée de faits historiques. *Lyon, Rusand,* 1830; 2 vol. in-8, mar. rose, plats ornés de dent. à froid, de 5 fil. dor. avec ornements aux angles, petite dent. à froid, milieu à froid, dos orné, tr. dor.

113. DELAVIGNE. Œuvres de Casimir Delavigne, recueillies par son père, année 1815. In-4, mar. rouge à grains longs, dos orné au pointillé, fil. et large dent. formant encad. sur les plats, doublé de moire violette, dent. int., tr. dor. (*Bozérian*).

> Manuscrit, d'une bonne écriture, contenant diverses poésies de *Casimir Delavigne,* dont une tragédie en cinq actes : *Pyrrhus et Polyxène* ; 3 fragments de feuillets ajoutés contiennent des corrections de la main de *Casimir Delavigne.*
> Belle reliure de *Bozérian* portant sur les plats un chiffre formé des lettres D. L. entrelacées.

114. DEMOUSTIER (C.-A.). Lettres à Émilie sur la Mythologie. *Paris, Ménard et Desenne,* 1817; 6 tomes rel. en 3 vol. in-18, fig., mar. rouge à grains longs

double dent. dor. et à froid sur les plats, dos orné, tr. dor. (*Thouvenin*).

Édition ornée de 18 figures de *Desenne*.

Joli exemplaire avec les figures AVANT LA LETTRE, dans une très fraîche reliure de THOUVENIN.

115. DUCIS (J.-F.). Œuvres. *Paris, Nepveu*, 1818 ; 6 vol. in-18, fig., veau bleu, 3 fil. dor. et encad. à froid sur les plats, dos orné, tr. dor. (*Messier*).

Édition ornée d'un portrait d'après *Gérard* et de 12 figures d'après *Girodet* et *Desenne* ; épreuves AVANT LA LETTRE. — Reliure romantique très fraîche.

116. DUCIS. Œuvres de J.-F. Ducis. *Paris, L. de Bure*, 1824 ; 7 vol. in-32, veau fauve, dent. et milieu à froid, tr. dor.

Édition ornée d'un portrait et de 6 figures par *Desenne*.

117. DUCOS. Itinéraire et Souvenirs d'un voyage en Italie, en 1819 et 1820 (par M. Ducos). *Paris, Dondey-Dupré*, 1829 ; 4 vol. in-8, veau rouge, double fil. dor., double dent. à froid et large milieu à froid couvrant les plats, dos orné, dent. int., tr. marbr. (*Ginain*).

Ouvrage imprimé seulement à 150 exemplaires sur PAPIER VÉLIN, non mis dans le commerce.

Bel exemplaire.

118. DU FAIL. Baliverneries, ou Contes nouveaux d'Eutrapel, autrement dit Léon Ladulfi. *A Paris, par Estienne Groulleau*, 1548 ; in-18, mar. bleu, fil. et petite dent. à froid, doublé en moire rouge, dent. sur la doubl. et la garde, tr. dor. (*Thouvenin*).

Jolie réimpression des *Baliverneries* publiées à Londres en 1815. Charmant exemplaire dans une reliure fraîche.

119. FONTENELLE DE VAUDORÉ (de la). Manuel raisonné des officiers de l'Etat civil, ou recueil des lois, décrets impériaux, avis du conseil d'Etat, décisions ministérielles et arrêts relatifs aux actes de l'Etat civil des françois, faits sur le territoire de l'Empire, à l'armée sur mer et en pays étranger, avec la solution des questions que ces textes présentent et des formules. *Paris, A. Bertrand, Galignani, Guilleminet*, 1813, in-12, mar. rouge à grains longs, dentelle, dos orné, dent. int., tr. dor.

Exemplaire aux armes du duc de MASSA.

120. GRESSET. Œuvres choisies, précédées d'un essai
sur sa vie et ses écrits par M. Campenon. *Paris,
Janet et Cotelle,* 1823 : in-8, front., veau vert, grande
plaque à froid couvrant les plats, encad. de fil. noirs et
à froid, dos orné à froid et de filets dor., tr. dor.

> Reliure de THOUVENIN.

121. GRESSET. Œuvres choisies, précédées d'un essai
sur sa vie et ses écrits par M. Campenon. *Paris, Janet
et Cotelle,* 1823 ; in-8, front., veau violet, fil et dent. à
froid, milieu doré, dos orné, tr. dor. (*Vogel*).

122. INCHBALD (Mist.). Simple histoire, par Mis-
triss Inchbald (pseudonyme de El. Simpson, traduit
par Deschamps et Desprès). *Paris, Louis,* 1793 ;
4 tomes en 2 vol. in-32, fig., mar. vert à grains longs
sur les plats, 3 fil. dor., 3 fil. à froid entourant un
large ornem. à froid avec points dor., dos orné à l'int.,
tr. dor. (*Vogel*).

> Édition ornée de 4 frontispices
> Bel exemplaire, jolie reliure romantique. Le plat recto porte, au
> centre, la lettre F ; le plat verso, une couronne de comte frappée
> en or.

123. JU-KIAO-LI (Histoire de Houng-ru et de Mengli).
(Les Deux Cousines). In-12, mar. rouge, double dent.
à froid, dent. dor., fil. avec coins orn., milieu dor.,
dos orné, dent. int. (*Duplanil*).

> Livre chinois dans une jolie reliure romantique, de *Duplanil,* exé-
> cutée à l'époque de la publication du livre.

124. LAUJON. Le Couvent, ou les Fruits du caractère et
de l'éducation, comédie en un acte et en prose. *Paris,
veuve Duchesne et fils,* 1790 ; in-8, frontispice, mar.
bleu à grains longs, filet dor. et dent. à froid sur les
plats, dos orné, non rogné.

> Exemplaire sur PEAU DE VÉLIN, dans une excellente reliure du
> commencement du XIXᵉ siècle.

125. LEBRUN. Œuvres choisies de Lebrun, précédées
d'une notice sur sa vie et ses ouvrages par M. D***,
avec portrait. *Paris, Janet et Cotelle, Aimé André,*
1829, in-8, portrait par Deveria, veau violet, encad.
de filets, coins dorés, encad. à froid, milieu or, dos
orné, tr. dor. (*Messier*).

> Exemplaire imprimé sur PAPIER VÉLIN.

126. LE SAGE. Histoire de Gil Blas de Santillane. *Paris, Didot*, 1819, 3 vol. in-8, figures, mar. brun, fil. et encad. or., dent. à fr., dos ornés, dent. int., tr. dor. (*Bibolet*).

> Exemplaire imprimé sur PAPIER VÉLIN avec 9 figures par Desenne, AVANT LA LETTRE, ajoutées.
> Armoiries ajoutées sur les plats des reliures.

127. LESSON (R.-P.). Histoire naturelle des oiseaux de Paradis et des épimaques, ouvrage orné de planches, dessinées et gravées par les meilleurs artistes, par R.-P. Lesson. *Paris, A. Bertrand, s. d.* (1835), in-8, planches en couleur, mar. bleu, comp. de 18 filets et fleurons, dos plat orné, dent. int., tr. dor. (*Bunetier*).

> 40 planches coloriées.

128. LISKENNE (Charles). Lettres à Palmyre sur l'Astronomie, par M. Charles Liskenne. *Paris, Brianchon*, 1824 ; in-8, front., veau noir, dent. à froid sur les plats, dos orné, tr. marb.

> Exemplaire au chiffre de la duchesse de Berry et avec son ex-libris à l'intérieur du volume.

129. LITTÉRATURE des Dames, ou morceaux choisis des meilleurs auteurs anciens et modernes. *Paris, Le Fuel, s. d.*; in-12, fig., mar. rouge à grains longs, encad. dor. et à froid sur les plats, dos orné, non rogné.

> Frontispice et 6 figures par *Devilliers*; on y a ajouté 10 portraits de *Saint-Aubin*.
> Exemplaire imprimé sur PAPIER VÉLIN, dans une très fraîche reliure de SIMIER.

130. MAINTENON (Madame de). Mémoires pour servir à l'histoire de Madame de Maintenon. *Amsterdam*, 1755 ; 6 vol. in-12, port. — Lettres de Madame de Maintenon. *Amsterdam*, 1756 ; 9 vol. in-12. — La vie de Madame de Maintenon. *Paris, Buisson*, 1788 ; 2 vol. in-12, port. — Ensemble 17 vol. in-12, mar. rouge, à longs grains, fil. dor. et dent. à froid sur les plats, dent. int., tr.dor. (*Simier*).

> Les *Mémoires* et les *Lettres* ont été publiés par *La Beaumelle*. La *Vie* est de L. A. *de Caraccioli*.
> Très jolis exemplaires en reliures uniformes.

131. MONTESQUIEU. Œuvres complètes, avec des notes de Dupin, Crevier, Voltaire, Mably, Servan, La Harpe, etc. *Paris, Lefèvre,* 1835 ; gr. in-8, à deux colonnes, portrait, veau olive, dos et plats couv. d'orn. à froid, encad. de 4 fil., tr. marb.

132. PARDESSUS. Traité des Servitudes suivant le Code civil ; dédié à S. A. S. Mgr le prince Cambacérès (par Pardessus l'aîné). *Paris, Rondonneau,* 1806 ; in-8, mar. rouge à grains longs, dos orné, fil. et double dent. dor. formant large encadr. sur les plats, doublé de tabis bleu, double dent. à l'int., tr. dor.

> Bel exemplaire dans une reliure de l'époque, d'une grande fraîcheur.

133. PARNY. Œuvres choisies de Parny. *Paris, Lefèvre,* 1827 ; in-8, port., veau bleu, plats couverts d'un quadrillé dans une dentelle et un compartiment de filets, le tout à froid, dos orné à froid et avec fers dorés, tr. marb. (*Vogel*).

> De la *Collection des Classiques français.*
> Bel exemplaire, imprimé sur PAPIER VÉLIN, dans une reliure très fraîche.

134. PLUTARQUE. Œuvres de Plutarque, traduites du grec et accompagnées de notes par D. Ricard. — Hommes illustres. — *Paris, Brière,* 1827 ; fort vol. in-8, à 2 colonnes, port., plats avec orn. dor. et à froid, milieu à froid sur les plats enc. de 3 fil. dor. et d'une dent. à froid, dos orné, dent. int., tr. dor. (*Thouvenin*).

> Édition ornée de 40 portraits sur acier par *Tardieu.*

135. RECUEIL de l'Académie des Jeux floraux, 1831. *Toulouse, J.-M. Dondaloure,* in-8, mar. bleu, comp. de fil. et encad. or et à froid, angles et milieu ornés, dos orné, dent. int., tr. dor. (*Vincens*).

> Exemplaire relié par VINCENS, avec son étiquette sur le feuillet de garde.

136. RÈGLEMENT concernant l'exercice et les manœuvres de l'infanterie du premier août 1791. École du soldat et de peloton. — École de bataillon. — Évolutions de ligne. *Paris, Levrault,* 1821, 3 vol in-32, mar.

vert à longs grains, encad. dor., dos ornés et fleur-
delisés, dent. int., tr. dor.

137. RELIURE ROMANTIQUE. Fort volume in-8, mar.
violet à grains longs, dos et plats couverts d'ornem. à
la Cathédrale en or et mosaïque de mar. rouge, vert,
citron, bleu clair, doublé de moire blanche, fil. int.,
tr. dor.

   Belle reliure romantique transformée en boîte.

138. RÉPERTOIRE du Théâtre français, avec des com-
mentaires par Voltaire, L. Racine, la Harpe, etc., des
remarques de Molière, le Kain, Baron, Molé, Mes Clai-
ron, Duménil, Arnould, etc., et des notices sur les
auteurs et acteurs célèbres par L. B. Picard et J. Pey-
rot, *Paris, F. A. Duprat*, 1826, 2 tomes en 4 vol. in-8
à 2 col. portraits, veau bleu, encad. et fil. or et à
froid, milieux entièrement ornés à froid, dos ornés,
dent. int., tr. marb.

139. SAGE. Effets de la foudre et des trombes, par
B. G. Sage. *Paris, P. Didot*, 1821, in-8, mar. rouge,
dent., dos orné, doublé de moire bleue, tr. dor.

   Exemplaire aux armes du duc de WIGNEROT DE RICHELIEU, ministre de Louis XVIII.

140. SALLUSTIUS (Caius Crispin) ad codices parisinos
recensitus cum varietate lectionum et novis commen-
tariis... curante J.-L. Burnouf, *Parisiis, N.-E. Le-
maire*, 1821; in-8, front., veau bleu, encad. de 5 fil.
dor. et dent. à froid, dos orné (*Purgold et Hering*).

   Reliure fraîche.

141. SELVES (J.-B.). Explication de l'origine et du secret du vrai Jury, et comparaison avec le jury anglais
et le jury français... *Paris, Maradan*, 1811; in-8, mar.
vert, dent. sur les plats, dos orné, dent. int., tr.
dor.

   A *la suite* : La Mort aux Procès (du même auteur). *Paris*, 1811.
   Aux armes du COMTE DE MONTALIVET, Ministre de Napoléon Ier.

142. SURVILLE (Clotilde de). Poésies de Clotilde de
Surville, poète français du xve siècle. — Poésies inédi-
tes... — Ornées de gravures d'après Colin. *Paris, Nepveu*, 1825-1826; 2 vol. in-12, fig., veau vert, double

dent. à froid et 3 filets dorés sur les plats, dos orné,
tr. dor.

Jolie édition ornée de 18 gravures.

143. TABARIN. Recueil général des œuvres et fantaisies
de Tabarin. Contenant ses Rencontres, questions et
demandes facétieuses, avec leurs réponses. *Rouen,
Loüis du Mesnil*, 1664; petit in-12, mar. rouge à grains
longs, dos orné, dent. dor. et dent. à froid sur les
plats, tr. dor. (*Ducastin*).

Édition estimée à laquelle on a joint : *Les rencontres, fantasies et
Coq à l'asne facécieux du Baron de Grattelard* d'une édition anté-
rieure.

144. TESTAMENT (le Nouveau) de Notre Seigneur Jésus-
Christ, traduit sur la vulgate par Le Maistre de Sacy.
Édition stéréotype, publiée par les soins de M. Frédéric Léo, produit de dons volontaires. *Paris, Firmin-
Didot*, 1816, gr. in-8, mar. bleu, encad. doré avec encad. et coins à froid, dos orné, doublé de moire rose
avec dentelle sur les deux gardes, tr. dor. (*Purgold*).

Exemplaire imprimé sur PAPIER VÉLIN. Bonne reliure.

145. VILLEMAIN. Mélanges historiques et littéraires, par
M. Villemain. *Paris, Ladvocat*, 1827-1828, 3 vol. in-8,
portraits et carte veau fauve, plats entièrement couverts d'ornements dorés et à froid, dos ornés, tr. dor.

Reliure de THOUVENIN, très fraîche.

146. VIRGILE. Les Bucoliques de Virgile, précédées
de plusieurs idylles de Théocrite, de Bion et de Mos-
chus ; suivies de tous les passages de Théocrite que
Virgile a imités ; traduites en vers français par Firmin
Didot. *Paris, Firmin-Didot*, 1806, in-8, mar. rouge à
longs grains, encad. de feuilles de vigne et grappes de
raisin, dos orné, tr. dor.

Exemplaire avec cette dédicace : *offert à Monsieur Saint Prix par
Firmin-Didot.*

147. VOLTAIRE. La Henriade, poème de Voltaire, ornée
de dessins lithographiques. *A Paris, chez E. Dubois*,
1825 ; in-fol., fig., mar. rouge à grains longs, milieu
et coins à froid avec 3 trois gros filets dorés formant
encad., dos orné, dent. int., tr. dor.

Édition ornée de 92 lithographies hors texte, comprenant :

1 fronstipice avec portrait de Voltaire et 1 planche allégorique de *Girardet*, épreuves sur PAPIER DE CHINE, 18 grandes compositions par *Horace Vernet*, épreuves sur PAPIER DE CHINE, et 72 portraits par *Mauzaisse*.

Bel exemplaire dans une bonne reliure de l'époque.

LIVRES MODERNES

DANS TOUS LES GENRES

148. ALBUM, ou collection complète et historique des costumes de la Cour de Rome, des ordres monastiques, religieux et militaires, et des congrégations séculières des deux sexes, contenant 80 figures dessinées et coloriées d'après nature par J. Perugini et accompagnées d'un texte explicatif tiré du P. Hélyot. *Paris, Silvestre, Camerlinck succ.*, 1862, in-4, figures en couleur, cartonn. toile, non rogné, couvert.

149. ARTISTES ET BOURGEOIS. Vingt-quatre compositions par Jossot. Préface de Villy. *Boudet et Tallandier*, in-8, figures en noir et en couleurs, dos et coins mar. vert, fil., dos orné, tête dor. (*Couvert. illust.*).

> Un des 24 exemplaires imprimés sur PAPIER DU JAPON, contenant une suite à part de tous les dessins imprimés sur PAPIER DE CHINE, et deux DESSINS ORIGINAUX de JOSSOT.

150. BALZAC (H. de). Les Chouans. Illustrations de Julien Le Blant, gravées sur bois par Léveillé. *Paris, E. Testard et Cie*, 1889, gr. in-8, figures, broché (*Couvert. illust.*).

151. BALZAC (H. de). Les Chouans. Suite complète des 105 compositions de Julien Le Blant, gravées sur bois par Léveillé. En feuilles.

> Epreuves en TIRAGE A PART, sur PAPIER DU JAPON. On y a joint la suite des 8 eaux-fortes de *Boilvin*, d'après *Le Blant* en deux états : AVANT TOUTES LETTRES et AVANT la lettre.

152. BALZAC (H. de). Histoire de l'Empereur, racontée

dans une grange par un vieux soldat. Préface de Henry Houssaye. *Paris, H. Leclerc,* 1904, pet. in-4, figures, broché.

> Eaux-fortes gravées par *Adolphe Lalauze* d'après les aquarelles d'*Alphonse Lalauze.*
> Un des 200 exemplaires sur papier vélin.

153. BANVILLE (Théodore de). Les Princesses. Compositions de Georges Rochegrosse, gravées à l'eau-forte par E. Decisy. *Paris, F. Ferroud,* 1904, in-8, fig., br.

> Édition ornée d'un frontispice, d'un fleuron de titre, d'un en-tête, de 20 grandes compositions et d'un cul-de-lampe gravés à l'eau-forte ; texte entouré d'encadrements tirés en bistre.

154. BANVILLE (Théodore de). Les Princesses ; *même édition* ; in-8, fig., dos et coins de mar. bleu, dos plat orné d'une bande de fleurs en mosaïque, tête dor., non rogné (*Canape*).

155. BAZIN (René). Une Tache d'encre. Compositions d'André Brouillet. *Tours, A. Mame et fils,* 1900, gr. in-4, fig., br., dans un carton.

> Exemplaire imprimé sur PAPIER DU JAPON, contenant les figures en double état, et le portrait-frontispice aquarellé.

156. CAZOTTE. Le Diable amoureux. Roman fantastique, précédé de sa vie, de son procès et de ses prophéties et révélations par Gérard de Nerval. Illustré de 200 dessins par Edouard de Beaumont. *Paris, Léon Ganivet,* 1845, in-8, fig., dos et coins de mar. bleu à grains longs, dos orné or et à froid, non rogné (*Durvand*).

> PREMIER TIRAGE. — Bel exemplaire avec la couverture imprimée.

157. CERVANTES. Rinconète et Cortadillo, nouvelle. Soixante-sept compositions par A. Atalaya, traduction et notes de Louis Viardot. *Paris, Launette,* 1891, gr. in-8, fig., cartonn. dos et coins de mar. orange, non rogné, couverture (*Champs*).

> Un des 50 exemplaires sur PAPIER DE CHINE, avec TIRAGE A PART de toutes les illustrations.

158. CHAM. Épisodes de la Guerre du Danemark. *Pa-*

ris, Martinet, 1864, in-4, demi-rel. chag. violet, plats toile.

Collection de 37 lithographies COLORIÉES, avec légendes.

159. CHAMISSO (Adelbert de). Pierre Schlémihl, ou l'homme qui a perdu son ombre, par Adelbert de Chamisso, suivi d'un choix de ses poésies. Dessins de Myrbach imprimés dans le texte. Préface par Henry Fouquier. *Paris, Librairie des Bibliophiles,* 1887, pet. in-fol., fig., cart. dos et coins mar. orange, non rogné (*Couvert. illust.*).

Un des 15 exemplaires imprimés sur PAPIER DE CHINE.

160. CHAMPSAUR (Félicien). Les Éreintés de la Vie. Pantomime en un acte, illustrée par Henry Gerbault. *Paris, Dentu,* 1888, in-8, fig., cart. dos et coins de mar. orange, non rogné (*Carayon*).

ÉDITION ORIGINALE, ornée de 34 dessins, hors texte.
Un des 30 exemplaires sur GRAND PAPIER DU JAPON. — Envoi autographe sur le faux-titre.

161. CHAMPSAUR (Félicien). L'Orgie latine. *Paris, Eugène Fasquelle,* 1903, in-12, fig., br.

Illustrations par *Auguste Leroux,* comprenant 30 figures en couleurs, hors texte, et de très nombreuses vignettes dans le texte.
ÉDITION ORIGINALE.
Un des 50 exemplaires sur GRAND PAPIER DE HOLLANDE.

162. CHÉNIER (André). Poésies, publiées par Becq de Fouquières, enrichies de quinze compositions de Bida, gravées à l'eau-forte par Courtry, Champollion, Monziès et de portraits de Marie Cosway et de Fanny. *Paris, G. Charpentier et Cie,* 1888, gr. in-4, fig., dos et coins de mar. brun foncé, tête dor., non rog.

Un des 50 exemplaires sur PAPIER WHATMAN, avec une double suite AVANT la lettre sur JAPON et sur HOLLANDE.

163. CHRONIQUE du temps qui fut la Jacquerie, par Mayneville. Illustrations de L.-O. Merson. Gravures de Thessa. Lettres manuscrites par Cossard. *Librairie de la Collection des Dix, A. Romagnol, s. d.,* in-8, fig., dos et coins mar. rouge, fil., dos orné à fr. et rosaces or, tête dor., non rog. (*Canape*).

164. CHRONIQUE du temps qui fut la Jacquerie, par

Mayneville. Illustrations de L.-O. Merson. *Librairie de la collection des Dix, A. Romagnol,* 1903, in-8, fig., broché.

165. COIGNET (Les Cahiers du Capitaine). Avec 84 gravures en couleurs et en noir, d'après les dessins de Julien Le Blant. *Paris, Hachette et Cie,* 1896, in-4, fig., cartonn. dos et coins de mar. vert, dos orné, non rogné (*Carayon*).

> PREMIER TIRAGE. — Un des 50 exemplaires sur PAPIER DU JAPON, imprimé pour la *Librairie L. Conquet,* avec double suite des 18 compositions hors texte : 1° EN COULEURS A LA POUPÉE, avec remarques ; 2° *en noir.* — Couverture en double état : coloriée et en noir.
>
> On y a joint un DESSIN ORIGINAL DE LE BLANT, ayant servi à l'illustration du livre.

166. COLONNA. Le Songe de Poliphile, ou Hypnérotomachie de frère Francesco Colonna, littéralement traduit pour la première fois, avec une introduction et des notes par Claudius Popelin. Figures sur bois gravées à nouveau par A. Prunaire. *Paris, Isidore Liseux,* 1883, 2 vol. in-8, papier de Hollande, fig., parch., titre callig. au dos, fil. rouges, non rognés (*Couvert.*).

> Édition imprimée à 410 exemplaires, ornée de figures sur bois d'après celles des éditions françaises du xvie siècle. La préface de *Claudius Popelin* occupe 230 pages.

167. **CONSTANT** (Benjamin). Adolphe, anecdote trouvée dans les papiers d'un inconnu. Préface de Paul Hervieu, de l'Académie française. Cinquante eaux-fortes par G. Jeanniot. *Paris,* 1901, in-4, fig., cart. dos et coins de mar. bleu, non rogné (*Carayon*).

> Tiré à 131 exemplaires. — Un des 25 sur PAPIER DE CHINE ; il renferme L'IMPORTANT DESSIN de l'eau-forte qui se trouve à la page 90.
>
> On y a joint : *Clément Janin.* Le Livre d'Artiste, décoré d'un portrait de Benjamin Constant en pointe-sèche originale et de douze études destinées à l'illustration d'*Adolphe,* par Georges Jeanniot, gravées sur bois, en noir et en couleurs, par Jules Germain. *Paris. Bosse,* 1904. — Un des 15 exemplaires sur PAPIER DE CHINE.

168. COPPÉE (François). Le Passant. Compositions de Louis-Edouard Fournier. *Paris, Armand Magnier,*

1898, in-8, fig., cart., dos et coins de vélin blanc, non
rogné, couverture (*Carayon*).

De la *Collection des Dix.* — Le texte de cette édition, qui est
héliogravé, reproduit le manuscrit écrit spécialement par *François
Coppée*. L'illustration comprend 47 compositions gravées à l'eau-
forte par *L. Boisson*, dont 35 forment les encadrements du texte.
Un des 185 exemplaires sur PAPIER VÉLIN. On y a joint la suite
complète des illustrations AVANT LE TEXTE, en TIRAGE A PART.

169. CORNEILLE (P.). Œuvres. Nouvelle édition, revue
sur les plus anciennes impressions et les autographes
par M. Ch. Marty-Laveaux. *Paris, Hachette,* 1862-68,
12 vol. et 1 album, dos et coins mar. rouge, tête dor.,
non rog.

De la *Collection des Grands écrivains de la France.*
Exemplaire imprimé sur GRAND PAPIER VÉLIN.

170. CORNEILLE. Œuvres complètes de P. Corneille.
Paris, H. Plon et Brière, 1865, 11 vol. in-16, mar.
rouge, jans., dent. int., tr. dor. (*Chambolle-Duru*).

De la *Collection du Prince impérial.*

171. COSTUMES de Femmes et d'Hommes de l'Isle de
Minorque, in-4, dos et coins de mar. brun à grains
longs.

Recueil de 20 AQUARELLES de la première moitié du XIX° siècle,
d'une bonne exécution.

172. COSTUMES de Naples, in-4, cartonn., dos et coins
de mar. brun à grains longs.

Collection de 28 AQUARELLES, de la première moitié du XIX° siècle, représentant les costumes des divers métiers des rues de Naples.

173. COURS DE DANSE fin de siècle (par Eugène Ro-
drigues). Illustrations de Louis Legrand. *Paris, E.
Dentu,* 1892, in-8, fig., br.

Illustré par *L. Legrand* de 11 eaux-fortes hors texte, dont 1 frontispice, et de vignettes en-têtes, lettres ornées et culs-de-lampe en
couleurs. Le frontispice est reproduit en bleu sur la couverture.

174. DIX-HUITIEME SIECLE (Le), 1 vol. Le Dix-neu-
vième siècle, 1 vol. — Moreau-Vauthier. Les Portraits
de l'Enfant, 1 vol. — *Paris, Hachette et Cie,* 1899-1902.
— Ensemble 3 vol. in-4, fig., cart., dos et coins de
mar. rouge, non rognés (*Carayon*).

Ces 3 volumes contiennent 59 illustrations hors texte et environ
1 200 illustrations dans le texte, reproduisant des tableaux, anti-
quités, meubles, portraits célèbres, etc., etc.

Ces 3 volumes sont d'un tirage sur PAPIER DE CHINE à 10 exemplaires pour les deux premiers et à 15 pour le troisième.

175. DOUCET (Jérome). Notre ami Pierrot. Une douzaine de pantomimes, avec les aquarelles de Louis Morin. *Paris, P. Ollendorff, s. d.*, pet. in-fol., fig., br. (*Couvert. illust.*)

Un des 100 exemplaires sur PAPIER DU JAPON, contenant une suite de tous les dessins sur CHINE.

176. DOUCET (Jérôme). Princesse de Jade et de Jadis. Aquarelles de Lorant-Heilbronn. *Paris, le Livre et l'Estampe,* 1902, gr. in-8, fig., mar. bleu. dos à nerfs, plat recto couvert d'une ornementation style égyptien, en maroquins de diverses couleurs, gardes soie brochée, tr. dor. (*P. Ruban*).

Un des 25 exemplaires sur PAPIER DU JAPON ANCIEN, avec tirage à part de toutes les illustrations et une belle AQUARELLE ORIGINALE de LORANT-HEILBRONN.

Reliure artistique décorée dans le style des illustrations du livre.

177. DUMAS (Alexandre). Les Mariages du Père Olifus, par Alexandre Dumas. *Paris, Alex. Cadot,* 1850-52, 5 vol. in-8, brochés (*Couvert.*).

178. DUMAS (Alexandre). Le Page du duc de Savoie, par Alexandre Dumas. *Paris, Alexandre Cadot,* 1855-58, 8 vol. in-8, brochés (*Couvert.*).

179. L'EAU-FORTE en 1874, (1875, 1876, 1877, 1878, 1879 et 1880). Eaux-fortes originales pour les artistes les plus distingués. *Paris, Cadard,* 1874-1880 ; 7 vol. in-fol., en feuilles dans des cartons.

Collection complète contenant 220 eaux-fortes originales. Chaque année est précédée d'une préface de *Ph. Burty, Chesneau, J. Clarétie,* etc. — Les années 1874 et 1879 ont les eaux-fortes *avec la lettre* ; les années 1875 et 1876 sont des exemplaires d'artiste, avec les eaux-fortes AVANT LA LETTRE, SUR PAPIER DU JAPON ; les années 1877 et 1878 ont les eaux-fortes AVANT LA LETTRE SUR PAPIER DE HOLLANDE ; l'année 1880 est sur PEAU DE VÉLIN, eaux-fortes AVANT LA LETTRE.

180. ESPARBÈS (Georges d'). La Légende de l'Aigle. Compositions de François Thévenot, gravées par Florian et Romagnol. *Paris, A. Romagnol,* 1901, gr. in-8, fig., broché.

Édition ornée de 60 compositions gravées sur bois, dont une couverture et 8 grands sujets hors texte.

181. ÉTRENNES AUX DAMES. Années 1881, 1882, 1883, 1884, 1885. *Paris, Charavay*, 1881-1885, 5 vol. in-16, frontispice, cartonn. en soie, étuis.

> Exemplaires imprimés sur PAPIER DE CHINE, contenant le frontispice en double état, noir et sanguine.

182. FABRE (Ferdinand). L'abbé Tigrane, candidat à la papauté. Un portrait d'après J.-P. Laurens et vingt eaux-fortes originales de E. Rudaux. *Paris, L. Conquet*, 1890, in-8, fig., broché (*Couvert.*).

183. FALLOU (L.). La Garde impériale (1804-1815). Ouvrage illustré de 450 dessins dans le texte et de 60 compositions, hors texte, en couleurs, d'après les aquarelles de J. Chelminski, E. Grammont, H. Dupray, M. Orange, Rouffet et L. Vallet. *Paris, La Giberne*, 1901, 2 vol. in-4, dont une des planches en couleurs dans un carton, et l'autre broché.

184. FÉVAL (Paul). Le premier Amour de Charles Nodier. Avant-propos de Maurice Tourneux. *Paris, Rouquette*, 1900, in-8, fig., dos et coins mar. bleu, fil et orn. sur le dos, tête dor., non rogné (*Canape*).

> Orné des portraits de Paul Féval et de Ch. Nodier et de 26 illustrations dans le texte, par H. Vogel, gravés sur bois par E. Florian.
> Tirage à 150 exemplaires sur PAPIER VÉLIN DU MARAIS, avec TIRAGE A PART des illustrations sur PAPIER DE CHINE.

185. FIGURES DE PARIS. Ceux qu'on rencontre et celles qu'on frôle. Illustrations de Victor Mignot. Proses de MM. Maurice Beaubourg, André Beaunier, Saint-Georges de Bouhélier, Louis Codet, Franc-Nohain, Alfred Jarry, Gustave Kahn, Tristan Klingsor, Albert Lantoine, Jean Lorain, Charles-Louis Philippe, Edmond Pilon, Georges Pioche, Hugues Rebell, Octave Uzanne. *A Paris, pour les Bibliophiles Indépendants, chez le Libraire Henry Floury*, 1901, in-4., fig., broché.

> Orné de 20 grands sujets, hors texte, coloriés, de 20 lettrines, de 20 culs-de-lampe dans le texte et d'une couverture en couleurs.
> Tirage à 218 exemplaires sur PAPIER VÉLIN DE HOLLANDE.

186. FLAUBERT (Gustave). Mémoires d'un fou, roman. *Paris, Floury*, 1901, in-8, portrait, broché (*Couverture*).

> ÉDITION ORIGINALE, imprimée à 100 exemplaires, dont 50 seulement ont été mis dans le commerce.

Un des 20 exemplaires imprimés sur PAPIER DE CHINE. Portrait par
A. *Nargeot*, en double état, AVANT et avec la lettre.

187. **FLAUBERT** (Gustave). Salammbô. Compositions de
Georges Rochegrosse, gravées à l'eau-forte par Champollion. *Paris, Ferroud,* 1900, 2 vol. gr. in-8, fig.,
brochés.

Belle édition ornée de 52 compositions, dont 20 hors texte.

188. **FLERS** (Robert de). Ilsée, Princesse de Tripoli.
Lithographies de A. Mucha. *Paris, Piazza et C*[ie],
1897, in-4, fig., cartonn. dos et coins de vélin blanc,
titre calligraphié et ornem. sur le dos, non rogné, couverture (*Carayon*).

Édition de luxe illustrée par *Mucha* de lithographies en couleurs,
ornant chaque page du livre.
Un des 35 exemplaires sur PAPIER DE CHINE avec tirage à part,
en noir, de toutes les illustrations.

189. **FORAIN**. La Comédie parisienne (Deuxième série).
Paris, Librairie Plon, 1904, petit in-8, broché.

Recueil de 118 compositions avec légendes.
Un des 100 exemplaires sur PAPIER DE CHINE.

190. **FORAIN**. Nous, Vous, Eux ! par J.-L. Forain. *Paris, Vie Parisienne* (1893), in-4, fig., broché (*Couvert.
impr.*).

Album de 50 planches avec légendes.
PREMIER TIRAGE. — Exemplaire sur PAPIER DU JAPON.

191. **FRANCE** (Anatole). Clio. Illustrations de Mucha.
Calmann Lévy, 1900, pet. in-8, figures en couleurs,
broché. (*Couvert. illustr.*).

Un des 100 exemplaires imprimés sur PAPIER DU JAPON.

192. **FRANCE** (Anatole). Crainquebille, Putois, Riquet
et plusieurs autres récits profitables. *Paris, Calmann
Lévy, s. d.,* in-12, broché (*Couvert. impr.*).

ÉDITION ORIGINALE.
Un des 100 exemplaires sur PAPIER DE HOLLANDE.

193. **FRANCE** (Anatole). Histoire comique. Pointes-
sèches et eaux-fortes de Edgard Chahine. *Paris, Calmann-Lévy,* 1905, in-4, fig., broché.

Édition illustrée par *E. Chahine* de 28 compositions à la pointe-
sèche et à l'eau-forte.
Un des 20 ex. sur PAPIER DE CHINE FORT, contenant une suite,
en TIRAGE A PART, de toutes les illustrations.

194. FRANCE (Anatole). Histoire de Dona Maria d'Ava-
los et de Don Fabricio, duc d'Andria, manuscrite et
enluminée par Léon Lebègue. *Paris, Libraire des Bibliophiles,* 1904, in-4, fig., broché.

> Texte tiré en deux tons et aquarellé (36 sujets importants) d'après
> les originaux de l'illustrateur. Couverture en relief en 2 couleurs.
> Un des 300 exemplaires sur PAPIER VÉLIN D'ARCHES, avec tirage
> à part en noir sur PAPIER DE CHINE de toutes les illustrations.

195. FRANCE (Anatole). Sur la pierre blanche. *Paris,
Calmann Lévy, s. d.,* in-12, broché (*Couvert.*).

> ÉDITION ORIGINALE.
> PAPIER DE HOLLANDE.

196. FRANCE (Anatole). Sur la pierre blanche. *Paris,
Calmann Lévy, s. d.,* in-12, broché (*Couvert.*).

> ÉDITION ORIGINALE.
> Un des 60 exemplaires imprimés sur PAPIER DU JAPON.

197. FRANCE (Anatole). Thaïs. Compositions de Paul-
Albert Laurens. *Paris, Librairie de la Collection des
Dix,* 1900, in-8, fig., broché.

> Un des 20 exemplaires sur PAPIER VÉLIN DE CUVE D'ARCHES, avec
> les figures hors texte en double état : EAU-FORTE et AVANT LA LETTRE.

198. FRAPIÉ (Léon). La Maternelle. *Paris, Librairie
universelle,* 1905, in-12, broché.

> Un des 50 exemplaires imprimés sur PAPIER DU JAPON ; on y a
> joint la couverture illustrée par *Steinlen,* avant la lettre, en noir et
> en sanguine.

199. **GAILLARDET** (F.). — **DUMAS** (A). La Tour de Nesle,
drame en cinq actes et neuf tableaux, représenté pour
la première fois à Paris, sur le théâtre de la Porte
Saint-Martin, le 20 mai 1832. *Paris, Imprimé pour les
Amis des Livres,* 1901, in-4, fig., mar. La Vall, gardes
soie, tr. dor. sur témoins étui (*Meunier*).

> Édition imprimée à 115 exemplaires sur PAPIER VÉLIN DU MA-
> RAIS ; illustrations gravées en couleurs par *A. Bertrand,* d'après les
> dessins de *A. Robida.*

200. GAUTIER (Théophile). Jettatura. Compositions et
gravures en couleurs de François Courboin. *Paris,
Romagnol,* 1904, gr. in-8, fig., dos et coins mar.
rouge, dos orné, tête dor., non rog., fil., couvert. (*Canape*).

> Un des 175 exemplaires sur PAPIER VÉLIN.

201. GAUTIER (Théophile). La Morte amoureuse. Compositions de P.-A. Laurens, gravées en couleurs par Eugène Decisy. *Paris, A. Romagnol,* 1904 ; in-8, fig., broché (*Couvert. illust.*).

> Édition illustrée de 25 compositions gravées en couleurs, dont 8 hors texte.

202. GAUTIER (Théophile). Le petit chien de la marquise. Préface par Maurice Tourneux, vingt et un dessins de Louis Morin. *Paris, L. Conquet,* 1893, pet. in-12, fig., broché (*Couvert. illust.*).

203. GÉNARD (P.). Anvers à travers les âges, par P. Génard. *Bruxelles, s. d.* ; 2 vol. gr. in-4, fig., cartonn. dos et coins de chag. rouge poli, têtes dor., non rog.

> Très grand nombre de reproductions, de monuments, tableaux, statues, antiquités diverses, etc., dans le texte et hors texte.

204. GINESTE (Raoul). Soirs de Paris. Dessins de Minartz gravés sur bois par Paillard. *Paris, imprimé pour Henri Béraldi,* 1903, pet. in-8, fig., broché.

> Imprimé à 138 exemplaires sur papier vélin du Marais.

205. GONCOURT (Edmond de). La Fille Élisa. Compositions et eaux-fortes originales de Georges Jeanniot. *Paris, Emile Testard,* 1895 ; in-8, broché (*Couvert. illust.*).

> De la *Collection des Dix.* — Illustré de 70 compositions de G. Jeanniot, dont 10 eaux-fortes, hors texte, et 60 sujets dans le texte gravés sur bois.
> Un des 40 sur PAPIER VÉLIN avec triple suite des eaux-fortes, dont l'EAU-FORTE PURE et avec le TIRAGE A PART des illustrations sur bois tirées sur PAPIER DE CHINE.

206. GOURDAULT (Jules). La Suisse. Études et Voyages à travers les 22 cantons. Ouvrage illustré de 750 gravures sur bois. *Paris, Hachette et C*[ie], 1879-1880 ; 2 vol. in-fol., fig., cartonn. dos et coins de mar. rouge, non rog., couvert. (*Rousselle*).

> PREMIER TIRAGE. — Exemplaire sur PAPIER DE CHINE.

207. GRAND-CARTERET (John). xixe siècle (En France). Classes, mœurs, usages, costumes, inventions. Ouvrage illustré d'un frontispice chromotypographique, de 16

planches coloriées aux patrons, de 36 en-têtes et lettres ornées et de 487 gravures (dont 25 tirées hors
texte), d'après les principaux artistes du siècle et à
l'aide des procédés modernes. *Paris, Librairie de Firmin Didot et Cie*, 1893 ; in-4, fig., cartonn. dos et coins
de vélin blanc, non rog. (*Carayon*).

PREMIER TIRAGE. — Un des 25 exemplaires sur PAPIER DE CHINE.
Le dos de la reliure est orné d'un sujet à l'aquarelle.

208. GRANDVILLE. Scènes de la vie privée et publique
des Animaux. *Paris, J. Hetzel et Paulin*, 1842 ; 2 vol.
gr. in-8, fig., brochés.

Bel exemplaire. Couvertures imprimées en noir.

209. GRANDVILLE. Chaque âge a ses plaisirs. *Paris,
Lith. de Langlumé* ; in-4 oblong, dos et coins de mar.
brun, dos orné.

Album contenant 10 lithographies coloriées. — La couverture
recto est conservée.

210. GUILMARD (D.). Les Maîtres ornemanistes, ornés
de 180 planches tirées à part et de nombreuses gravures dans le texte donnant environ 250 spécimens
des principaux maîtres. Introduction par M. le baron
Davillier. *Paris, E. Plon et Cie*, 1881, 2 vol. in-8, dont
1 album de planches, cartonn. toile, non rog.

211. GUINON (Albert). Décadence, comédie en quatre
actes. *Paris, Librairie théâtrale*, 1901 ; in-12, broché
(*Couvert. imp.*).

ÉDITION ORIGINALE.
Un des 25 exemplaires sur PAPIER DE HOLLANDE.

212. HARAUCOURT. Le Sire de Chambley (Edmond
H...). La Légende des Sexes, poèmes hystériques.
Imprimé à Bruxelles, pour l'Auteur ; in-8, cartonn.
dos et coins de mar. orange, non rogné, couvertures
(*Carayon*).

ÉDITION ORIGINALE, imprimée à 212 exemplaires.
Envoi de l'auteur à M. Paul Dubois.

213. HENNIQUE (Nicolette). Les douze Labeurs héroï-
ques, illustrées de douze compositions dessinées et

gravées par Gaston Bussière. Préface de Mme Alphonse Daudet. *Paris, Ferroud,* 1903 ; in-8, fig., broché.

Un des 35 ex. sur PAPIER DU JAPON avec les 12 compositions en triple état dont l'EAU-FORTE PURE.

214. HENNIQUE (Léon). La Mort du duc d'Enghien, en trois tableaux. Dessins de Henry Dupray gravés à l'eau-forte par L. Muller. *Paris, Tresse et Stock,* 1886 ; in-8, fig., dos et coins de mar. bleu, dos plat orné, tête dor. (*Canape*).

ÉDITION ORIGINALE, imprimée seulement à 150 exemplaires, ornée de 3 en-têtes et 3 blasons en culs-de-lampe.

Un des 29 exemplaires sur PAPIER DU JAPON, auquel on a joint une suite à part des eaux-fortes, sur PAPIER DE CHINE.

Envoi et lettre autographes de l'auteur à Ph. Gille.

215. HENNIQUE (Léon). La Mort du Duc d'Enghien, en trois tableaux. Compositions de Julien Le Blant. Eaux-fortes de Louis Muller. *Paris, Émile Testard,* 1895 ; in-8, fig., cartonn. dos et coins de mar. brun, dos orné, non rogné (*Carayon*).

Édition ornée de 44 figures, dont 9 eaux-fortes.

Un des 38 ex. sur PAPIER DE CHINE, contenant le TIRAGE A PART des vignettes du texte et les eaux-fortes en quatre états : dont l'EAU-FORTE PURE. — On y a joint le prospectus et l'affiche de *Jeanniot* sur PAPIER DE CHINE.

216. HOUSSAYE (Henry). 1814-1815. La Première Restauration. Le Retour de l'Ile d'Elbe. Les Cent Jours. — 1815. Waterloo. — 1815. La Seconde abdication. La Terreur blanche. *Paris, Perrin et Cie,* 1888, 1893, 1898, 1905 ; 4 vol. in-8, brochés (*Couvert. imp.*).

ÉDITION ORIGINALE des 4 volumes.

Le 1er volume porte cet envoi autographe : *A Alexandre Dumas, hommage empressé de son ami : Henry Houssaye.*

217. HOUVILLE (Gérard d'). Esclave, roman. *Paris, Calmann-Lévy,* 1905 ; in-12, broché (*Couvert. imp.*).

Édition originale

Un des 30 ex. sur PAPIER DE HOLLANDE.

218. HUBNER (baron de). Promenades autour du Monde, 1871, par M. le baron de Hubner. Cinquième édition, illustrée de 316 gravures dessinées sur bois par nos plus célèbres artistes. *Paris, Hachette et Cie,* 1877 ; gr. in-4, fig., cart. papier fantaisie, non rogné (*Couvert. imp.*).

Exemplaire sur PAPIER DE CHINE.

219. HUGO (Victor). Le Rhin. Dessins de Victor Hugo. *Paris, Eugène Hugues,* 1890; gr. in-8, fig., broché (*Couvert. illust.*).

>PREMIER TIRAGE.
>Un des 60 exemplaires sur PAPIER DE CHINE.

220. HUYSMANS (J.-K.). La Cathédrale. *Paris, Stock,* 1898; in-12, fig., dos et coins de mar. La Vall., dos sans nerfs, orné d'une décorat. gothique dite à la cathédrale, tête dor., non rogné (*Canape*).

>ÉDITION ORIGINALE. — Un des 100 exemplaires sur PAPIER DE HOLLANDE, avec les titres, lettres ornées, culs-de-lampe tirés en rouge, orné d'un portrait de Huysmans, gravé à l'eau-forte par *Eugène Delatre,* et d'un frontispice en couleurs par *Pierre Roche,* sur parchemin églomisé.

221. HUYSMANS. Croquis parisiens. Eaux-fortes de Forain et Raffaelli. *Paris, Henri Vaton,* 1880, in-8, figures, cartonn. dos et coins mar. rouge, dos orné, tête dor., ébarbé (*Couvert.*).

222. JANIN (Jules). Un Hiver à Paris. — L'Eté à Paris. *Paris, Aubert et Cie; L. Curmer,* 1843. — Ensemble 2 vol. gr. in-8, fig., dos et coins de mar. rouge à grains longs, dos orn., têtes dor., ébarbés (*Thierry et Canape*).

>PREMIER TIRAGE. — Les 2 volumes sont ornés ensemble de 36 gravures hors texte par *Lami,* gravées sur acier, et de nombreuses vignettes sur bois dans le texte.

223. LA BRUYÈRE. Œuvres. Nouvelle édition, revue sur les plus anciennes impressions et les autographes par M. G. Servois. *Paris, Hachette,* 1865-1882, 4 tomes en 3 vol. et 1 album, dos etcoins mar. rouge, tête dor., non rog.

>De la *Collection des grands écrivains de la France.*
>Bel exemplaire imprimé sur GRAND PAPIER VÉLIN.

224. LACROIX (Paul). xviie siècle. France, 1590-1700. *Paris, Firmin Didot et Cie,* 1880; 2 vol. in-4, fig., dos et coins de mar. grenat, tête dor., non rogn. (*Lortic*).

>1. Institutions, Usages et costumes. — 2. Lettres, Sciences et Arts.
>PREMIER TIRAGE. — Les 2 volumes sont illustrés ensemble de 33 chromolithographies et de 600 gravures sur bois, dont 36 hors texte.
>Exemplaire sur PAPIER DE CHINE.

225. LACROIX (Paul). xviiie siècle. Lettres, Sciences

et Arts. France, 1700-89. Ouvrage illustré de 16 chromolithographies et de 250 gravures sur bois (dont 20 hors texte), d'après Watteau, Vanloo, Largillière, Boucher, Lancret, Greuze, Chardon... *Paris, Firmin Didot et C*[ie], 1878 ; in-4, fig., dos et coins de mar. grenat., tête dor., non rogné (*Lortic*).

PREMIER TIRAGE.
Exemplaire sur PAPIER DE CHINE.

226. LACROIX (Paul). Directoire, Consulat et Empire. Mœurs et Usages, Lettres, Sciences et Arts. France, 1790-1815. Ouvrage illustré de 12 chromolithographies et de 400 gravures sur bois d'après Ingres, Gros, Prudhon, Gérard, David, Isabey, Girodet, Debucourt, Duplessi-Bertaux, Boilly, Monsiau, Carle Vernet, Choffard..., etc. *Paris, Librairie de Firmin Didot et C*[ie], 1884 ; in-4, fig., dos et coins de mar. grenat, tête dor., non rogné (*Lortic*).

PREMIER TIRAGE.
Exemplaire sur PAPIER DE CHINE.

227. LA FONTAINE. Fables de La Fontaine, illustrées par J.-J. Grandville. Nouvelle édition. *Paris, H. Fournier aîné*, 1842, 2 vol. in-8, figures, chag. bleu, fil. et encad., dos orné, tr. dor.

Cet exemplaire contient les deux suites (de 120 fig., chacune) de *Grandville*, sur Chine volant.

228. LA FONTAINE. Œuvres. Nouvelle édition, revue sur les plus anciennes impressions et les autographes par M. Henri Régnier. *Paris, Hachette*, 1883-97, 11 vol. et 1 album, dos et coins mar. rouge, tête dor., non rog.

De la *Collection des Grands écrivains de la France*.
Bel exemplaire imprimé sur GRAND PAPIER VÉLIN.

229. LAMARTINE. Souvenirs, Impressions, Pensées et Paysages, pendant un voyage en Orient (1832-1833) ou Notes d'un voyageur, par M. Alphonse de Lamartine. *Paris, Ch. Gosselin*, 1835, 4 vol. in-8, dos et coins mar. bleu à longs grains, dos orné, non rog. (*Canape*).

ÉDITION ORIGINALE. Bel exemplaire, avec les couvertures conservées.

230. LAPAUZE (Henry). La Tour et son œuvre au musée de Saint-Quentin. *Paris, Goupil et Cie*, 1905, 5 li-
vraisons renfermées dans des cartons.

    87 planches.

231. LA ROCHEFOUCAULD. Œuvres. Nouvelle édition,
revue sur les plus anciennes impressions et les autographes, par M. D. L. Gilbert. *Paris, Hachette*, 1868-
83, 3 vol. et 1 album in-8, dos et coins mar. rouge,
tête dor., non rog.

    De la *Collection des Grands écrivains de la France.*
    Bel exemplaire imprimé sur GRAND PAPIER VÉLIN.

232. LEMAITRE (Jules). Contes blancs. *La Cloche. La
Chapelle blanche. Mariage blanc.* Illustrations de
Blanche Odin. *Paris, Bibliophiles indépendants*, 1900 ;
petit in-4, dos et coins de mar. bleu, en mosaïque,
dos orné d'une jolie branche de marguerites, tête dor.,
non rogné, couverture (*Canape*).

    Orné de 72 compositions aquarellées à la main.
    Imprimé à 200 exemplaires sur PAPIER VÉLIN, avec un TIRAGE A
PART des illustrations en noir.

233. LEPINE (Ernest). Quatrelles. Légende de la vierge
de Münster. Illustrations par Eugène Courboin. *G.
Charpentier, éditeur*, in-4, figures, broché (*Couvert.
illust.*).

    Un des 10 exemplaires imprimés sur PAPIER DE CHINE.

234. LE SAGE. Le Diable boiteux, par Le Sage. Illustré
par Tony Johannot, précédé d'une notice sur Le Sage,
par M. Jules Janin. *Paris, E. Bourdin et Cie*, 1840, gr.
in-8, figures, demi-rel. mar. rouge, fil., tête dor.,
ébarbé (*Rel. de l'époque*).

    PREMIER TIRAGE.

235. LIVRE DES TÊTES DE BOIS (Le). *Paris, Charpentier*, 1883 ; in-8, fig., cartonn. dos et coins de mar.
rouge, non rogné (*Carayon*).

    Volume composé par la *Société des Têtes de Bois*, illustrations de
Desbrosses, Scott, Teyssonnières, P. Ribet, A. Marie, etc., comprenant
16 eaux-fortes, hors texte et 13 figures sur bois. Couverture illustrée.
    Un des 10 exemplaires sur PAPIER DE CHINE, avec les eaux-fortes
AVANT LA LETTRE. — On y a joint une double suite des eaux-fortes,
en PREMIÈRES ÉPREUVES, sur PAPIER DU JAPON.

236. LIVRE ET L'IMAGE (Le). Revue documentaire

illustrée, mensuelle. Directeurs, J. Grand Carteret et Em. Rondeau. *Paris, Rondeau,* 1893-1894, 3 vol. gr. in 8, cartonn. dos et coins mar. rouge, non rog. (*Couvert*).

Un des 10 exemplaires imprimés sur PAPIER DE CHINE.

237. LORRAIN (Jean). Ma petite ville. Le miracle de Bretagne. Un veuvage d'amour. Illustrations à l'aquarelle de Manuel Orazi, gravées à l'eau-forte par Frédéric Massé et imprimées sur couleur. Vignettes décoratives de Léon Rudincki. *Paris, Société française d'éditions d'art, L. H. May,* 1898, in-8, figures, broché.

238. LOTI (Pierre) et VEDEL (Emile). Le Roi Lear, traduit de William Shakespeare. *Paris, Calmann-Lévy, s. d.,* 1904, in-12, broché (*Couvert.*).

ÉDITION ORIGINALE.
PAPIER DE HOLLANDE.

239. LOTI (Pierre). La troisième jeunesse de Madame Prune. *Paris, Calmann-Lévy, s. d.* (1905), in-12, broché (*Couvert.*).

ÉDITION ORIGINALE.
PAPIER DE HOLLANDE.

240. LOTI (Pierre). La troisième jeunesse de Madame Prune. *Paris, Calmann-Lévy, s. d.* (1905), in-12, broché (*Couvert.*).

ÉDITION ORIGINALE.
Un des 20 exemplaires imprimés sur PAPIER DU JAPON.

241. LOUYS (Pierre). Byblis. Compositions en couleurs de Henri Caruchet. Préface par Gilbert des Voisins. *Paris, Ferroud,* 1901, in-8, fig., dos et coins de mar. vert, dos orné d'une branche de fleur en mosaïque, tête dor., non rogné (*Canape*).

Orné de compositions décoratives par *Caruchet*, encadrant les 46 pages du texte, et coloriées.

242. **LOUYS** (Pierre). Chrysis, ou la Cérémonie nuptiale. — Léda, ou la Louange des bienheureuses ténèbres. — Ariane, ou le Chemin de la paix éternelle. — La Maison sur le Nil, ou les apparences de la Vertu. — *Paris, Librairie de l'Art Indépendant,* 1893-1894 ; 4 plaquettes in-8, mar. doublés de mar., tr. dor. (*Noulhac*).

ÉDITIONS ORIGINALES de ces quatre opuscules, imprimés seulement à 125 exemplaires. — *Chrysis* est sur PAPIER DE CHINE (tirage à 20 exemplaires) ; les trois autres pièces sont sur PAPIER DU JAPON MINCE (tirage à 5 exemplaires).

Chaque volume est relié de la couleur du papier de la couverture : *Chrysis*, en rose ; *Léda*, en couleur ; *Ariane*, en orange ; *La Maison sur le Nil*, en vert ; les quatre reliures sont doublées de maroquin citron et les gardes en regard sont en papier doré, à la manière des reliures anciennes.

Trois des pièces ont un envoi de l'auteur écrit, au crayon vert, sur le feuillet de garde.

243. LOUYS (Pierre). La Femme et le Pantin. Roman espagnol. Orné d'une reproduction en héliogravure du Pantin de Goya. *Paris, Société du Mercure de France*, 1898 ; in-8, front., dos et coins de mar. brun fil., dos plat orné, tête dor., non rogné, couverture (*Canape*).

ÉDITION ORIGINALE.
Un des 40 ex. sur PAPIER DE HOLLANDE.

244. LOUYS (Pierre). La Femme et le Pantin. Illustrations de P. Roïg, décoration de Riom. *Paris, Piazza et Cie*, 1903 ; in-8 carré, fig., dos et coins de mar. grenat, dos orné d'une grande branche de fleurs en mosaïque, tête dor., non rogné (*Canape*).

Très jolie édition ornée de compositions en couleurs et d'encadrements différents à chaque page.

245. MAILLARD (Léon). Les Menus et Programmes illustrés. Invitations. Billets de faire-part. Cartes d'adresse. Petites estampes. Du XVIIe siècle jusqu'à nos jours. Ouvrage orné de 460 reproductions d'après les documents originaux des meilleurs artistes, *Paris, G. Boudet*, 1898, très gr. in-8, fig., broché (*Couvert. illust.*).

Un des 25 exemplaires imprimés sur PAPIER DE CHINE.

246. MAUCLAIR (Camille). Le Poison des Pierreries. Compositions de Georges Rochegrosse, gravées à l'eau-forte, en couleurs, par E. Decisy. Lettre-préface de l'auteur. *Paris, Ferroud*, 1903 ; in-8, fig., dos et coins de mar. orange, dos orné, tête dor., non rogné (*Canape*).

Belle édition, illustrée de 18 compositions en couleurs de G. Rochegrosse, dont 6 hors texte.

247. MAUPASSANT (Guy de). Bel-Ami. *Paris, Victor Havard*, 1882 ; in-12, veau brun, dos et plats ornés

d'une décoration moderne avec titre sur le recto, dent.
int., tête dor., couverture, ébarbé.

ÉDITION ORIGINALE.

248. MAUPASSANT (Guy de). Le Rosier de Madame
Husson. Illustrations par Habert Dys. Eaux-fortes de
E. Abot, d'après Desprès. *Paris, Quantin,* 1888, in-8,
fig., broché (*Couvert. illust.*).

249. MAUPASSANT (Guy de). Le Rosier de Madame
Husson. Même édition ; in-8 carré, fig., cartonn.,
dos et coins mar. vert, tête dor., non rogné (*Couvert.*).

250. MAUPASSANT (Guy de). Un Soir. *Paris, imprimé
pour la Société des Bibliophiles contemporains,* 1892 ;
in-8, fig., cart. perc. rouge, non rogné (*Carayon*).

> Tiré à 188 exemplaires. — Ce conte est orné de compositions de
> *Georges Scott,* gravées sur bois par *D. Quesnel* et *Duplessis.*

251. MEISSONIER (Jean-Louis-Ernest). Ses Souvenirs,
ses Entretiens, précédés d'une étude sur son œuvre,
par M. O. Gréard. *Paris, Hachette,* 1897, gr. in-8,
fig. cartonn. dos et coins de mar. rouge à grains longs,
non rogné, couverture (*Carayon*).

> Orné de 38 figures, hors texte, dont 18 en couleurs et 260 repro-
> ductions dans le texte.
> Un des 25 exemplaires sur PAPIER DE CHINE.

252. MENDÈS (Catulle). Hespérus. Illustrations en couleurs de Carloz Schwabe. *Paris, Société de propagation
des livres d'art,* 1904, in-4, figures, broché (*Couvert.
illust.*).

> Un des 50 exemplaires imprimés sur papier alfa, avec les gra-
> vures hors texte en couleurs.

253. MÉRIMÉE (Prosper). La Chambre bleue. Nouvelle dédiée à Madame de La Rhune. *Paris, Carteret,*
1902, in-8, fig., broché.

> Édition ornée de 61 illustrations COLORIÉES par *Eugène Cour-
> boin.*
> PAPIER WHATMAN.

254. MÉRIMÉE (Prosper). Colomba ; soixante-trois
compositions originales de Daniel Vierge, gravées sur
bois par Noël et Paillard. Préface de Maurice Tour-

neux. *Paris, Carteret et Cie*, 1904, in-8, fig., broché (*Couvert. illust.*).

Beau livre illustré par *Daniel Vierge*.

255. MÉRIMÉE (Prosper). La Jacquerie, scènes féodales, suivies de la Famille de Carvajal, drame, par l'Auteur du *Théâtre de Clara Gazul*. *Paris, Brissot-Trivars (Imprimerie de H. Balzac)*, 1828, in-8, dos et coins de mar. bleu à grains longs, dos plat orné de fil. en long, non rogné (*Durvand*).

Édition originale. Couverture conservée.

256. MERY. Héva. — La Floride. — La Guerre du Nizam ; 3 part. en 4 vol., demi-rel.

Manuscrit autographe de l'œuvre la plus importante de l'auteur et dont les 3 parties forment un ensemble. — La 1re partie est un vol. in-folio de 160 ff. — La 2e partie, 2 vol in-4 oblong, ens. 694 ff. — La 3e partie, 1 vol. in-folio de 347 ff. Le dernier volume contient une lettre autographe de Victor Hugo, datée du 11 septembre 1847 (1 page in-8).

257. MILLE ET UN JOURS (les). Contes persans, turcs et chinois, traduits par Petit de La Croix, Cardonne, Caylus, etc., augmentés de nouveaux contes traduits de l'arabe par M. Sainte-Croix Ajpot. Édition illustrée. *Paris, Pourrat frères*, s. d. ; gr. in-8, fig., broché (*Couvert. illust.*).

Premier tirage.

258. MIRBEAU (Octave). Le Jardin des Supplices, avec un dessin en couleur de Auguste Rodin. *Paris, Charpentier et Fasquelle*, 1899, in-8, broché.

Édition originale.
Un des 150 exemplaires sur papier vélin.

259. MODUS (Le Livre du Roy) et de la Reyne Racio. Conforme aux manuscrits de la Bibliothèque royale. Avec une préface par Elzéar Blaze. *Paris, Elzéar Blaze*, 1839, gr. in-8, demi-rel. mar. rouge, non rogné.

Imprimé sur papier de Hollande en caractères gothiques et orné de 50 gravures sur bois reproduisant les vignettes des manuscrits.

260. MOLIÈRE. Œuvres. Nouvelle édition, revue sur les plus anciennes impressions par Eugène Despois.

Paris, Hachette, 1873-1900, 13 vol. et 1 album in-8, dos et coins mar. rouge, tête dor, non rog.

De la *Collection des grands écrivains de la France.*
Bel exemplaire imprimé sur GRAND PAPIER VÉLIN.

261. MONTORGUEIL. France, son histoire racontée par G. Montorgueil, imagée par Job. *Paris, Charavay, Mantoux, Martin, s. d.,* grand in-4, figures en couleurs, cartonn. dos et coins mar. rouge, non rog. (*Couvert. illust.*).

Exemplaire imprimé sur PAPIER DU JAPON.

262. MONTORGUEIL. Les Trois couleurs. France, son histoire, par G. Montorgueil. Imagé par Job. *Paris, Charavay, Mantoux, Martin, s. d.,* in-fol., figures en couleurs, broché, dans un carton.

Exemplaire imprimé sur PAPIER DU JAPON.

263. MONTORGUEIL (Georges). La Vie à Montmartre. Illustrations de Pierre Vidal. *Paris, G. Boudet,* 1899, gr. in-8, fig., broché (*Couvert. illust.*).

Les illustrations comprennent 150 lithographies originales, dont une grande composition, EN COULEURS, pour la couverture, 16 figures hors texte, EN COULEURS, et 133 figures, en noir, dans le texte.
Un des 25 exemplaires sur GRAND PAPIER DU JAPON, avec TIRAGE A PART, en noir, sur PAPIER DE CHINE, de la couverture et de toute les illustrations.

264. MONTORGUEIL (Georges). La Vie des Boulevards. *Madeleine-Bastille.* 200 dessins en couleurs par Pierre Vidal. *Paris, May et Motteroz,* 1896, gr. in-8, fig., cartonn. dos et coins de toile rouge, non rogné (*Carayon*).

Exemplaire sur PAPIER VÉLIN. — De la Bibliothèque L. CONQUET, avec les 200 illustrations de *P. Vidal,* EN NOIR, au lieu d'être coloriées comme dans les exemplaires mis dans le commerce. On y a joint 99 figures, en TIRAGE A PART, ÉPREUVES D'ARTISTE SUR CHINE, le prospectus de l'ouvrage et 4 pages avec figures coloriées.
Depuis la vente Conquet, le volume a été orné sur le faux-titre d'une très belle et importante AQUARELLE ORIGINALE par P. VIDAL, illustrateur de l'ouvrage. — On y a ajouté la couverture illustrée en couleurs, épreuve AVANT LA LETTRE, sur PAPIER DU JAPON.

265. MORIN (Louis). Carnavals parisiens. *Paris, Montgrédien et C*^{ie} (1898), in-12, fig., cartonn. dos et coins de vélin blanc, non rogné (*Carayon*).

Un des 100 exemplaires sur PAPIER DU JAPON, auquel on a ajouté une couverture illustrée refusée et, en frontispice, une AQUARELLE ORIGINALE, représentant la Reine du bal des Quat'Arts, par *Louis Morin*, l'illustrateur du livre. La reliure est ornée sur le dos de sujets à l'aquarelle par le même artiste.

266. MORIN (Louis). **Les Dimanches parisiens.** Notes d'un décadent. Quarante et une eaux-fortes originales de A. Lepère. *Paris, L. Conquet, 1898*, gr. in-8, cartonn. dos et coins de vélin blanc, non rogné.

> Exemplaire de l'auteur dans une jolie reliure de vélin blanc dont le dos est décoré d'un sujet à l'aquarelle.

267. **MUSÉE DE LA RÉVOLUTION.** Histoire chronologique de la Révolution française, ornée de figures sur acier par Frilley, d'après les dessins de Raffet. *Paris, Perrotin, 1834*, in-8, fig., dos et coins de mar. grenat à longs grains, filet, dos plat orné, ébarbé (*Noulhac*).

> PREMIER TIRAGE. — Illustré par *Raffet* de 14 en-têtes sur bois, et de 45 figures hors texte gravées à l'eau-forte, sur PAPIER DE CHINE.
> Bel exemplaire dans une reliure imitée des reliures romantiques.

268. MUSSET (Alfred de). **Les Caprices de Marianne,** comédie en 2 actes. *Paris, Charpentier, 1851*, in-12, mar. bleu, non rogné, couverture (*Canape*).

> EDITION ORIGINALE.
> Très rare.

269. MUSSET (Alfred de). **La Confession d'un Enfant du siècle,** par Alfred de Musset. *Paris, Félix Bonnaire, 1836*, 2 vol. in-8, demi-rel. bas.

> EDITION ORIGINALE.
> Très bel exemplaire *absolument non rogné*; reliure du temps.

270. MUSSET (Alfred de). **On ne badine pas avec l'amour,** proverbe en 3 actes, orné d'une couverture illustrée et de 35 lithographies originales par Louis Morin. *Paris, L. Carteret et Cie, 1904*, in-8, fig., broché (*Couvert. illust.*).

> TIRAGE UNIQUE à 200 exemplaires sur PAPIER VÉLIN DU MARAIS.
> On y a joint un prospectus contenant 8 compositions qui ne se trouvent pas dans le livre. Toutes les lithographies ont été coloriées. On a ajouté aussi à cet exemplaire un BEAU DESSIN, aux crayons de couleur, de LOUIS MORIN.

271. **NAUSIKAA.** Traduction de Leconte de Lisle.

Compositions décoratives par Gaston de Latenay. *Paris, Piazza et Cie*, 1899, in-4, fig., mar. vert orné sur les plats d'une large décoration formant encadrement, composée de fleurs et feuillages en mosaïque de maroquins de couleurs pâles, encad. de 6 fil. or et à froid, dos orné et mosaïqué, titre en lettres mosaïquées ; à l'int. décoration en mos. entre 2 filets dor., doublé d'étoffe, doubles gardes, tr. dor. (*A. Cuzin*).

Épisode formant la sixième rhapsodie de l'*Odyssée*, ornée de 51 compositions en couleurs décorant le texte et illustrant chaque page.
Un des 25 ex. sur PAPIER DU JAPON, avec une double suite des illustrations, en TIRAGE A PART, en noir, sur PAPIER DE CHINE.
Très belle reliure.

272. PAPILLONS (les). Métamorphoses terrestres des peuples de l'air, par Amédée Varin. Texte par Eugène Nus et Antony Méray. *Paris, de Gonet* (1852), 2 vol. gr. in-8, fig., cartonn. dos et coins de mar. orange à grains longs, dos orn., tête dor., non rognés (*Durvand*).

PREMIER TIRAGE. — Orné de 2 frontispices, d'un portrait de Cazotte et de 52 figures hors texte, COLORIÉES. — Bel exemplaire, avec les couvertures illustrées.

273. PARADES. 10 lithographies coloriées en 1 vol. in-4, cartonn. dos et coins toile rouge.

Colombine délaissée — L'orateur populaire. — Le Directorien. — Le 18 brumaire. — Le grenadier des consuls. — Le chambellan. — Le marquis de Bergame. — Le champ de mai. — Tartufe. — Le Dîner.

274. PARIS QUI S'EN VA et Paris qui vient. *Paris, Cadart* (1859), in-fol., cart. toile verte, non rog.

Collection d'un titre et de 26 grandes compositions, gravés à l'eau-forte par *Léopold Flameng*. — Le texte est de A. Delvau, A. Houssaye, *Th. Gautier, Duranty, Castagnary, Firmin Maillard*, etc.
Exemplaire sur PAPIER DE HOLLANDE.

275. PARIS VIVANT. Le Théâtre, par F. Sarcey. Dessins de MM. Gérardin, Lepère, Moulignie, Tinayre. Gravures de MM. Bellenger, Noël Paillard, Tinayre, etc. *Paris, Société artistique du Livre illustré, rue des Petits-Champs*, 1893, in-8, fig., broché (*Couvert.*).

276. PIGAL. Scènes populaires. *Paris, Gihaut et Marti-*

net, gr. in-4, dos et coins de mar. citron à grains longs, des orné.

> Bel exemplaire de cette collection de 50 lithographies coloriées. Le premier plat de la couverture a été relié en tête du volume.

277. PRÉVOST (abbé). Histoire de Manon Lescaut et du chevalier des Grieux. Préface de Guy de Maupassant. Illustrations de Maurice Leloir. *Paris, Librairie artistique, H. Launette et C*^{ie}*, G. Boudet succ., 1889, gr. in-8*, fig., broché (*Couvert. illust.*).

> Un des 50 exemplaires imprimés sur PAPIER DE CHINE.

278. PRÉVOST (Marcel). Le Domino jaune. Les Palombes. *Paris, Alphonse Lemerre,* 1901, in-12, fig., cartonn. dos et coins de mar. citron, non rogné (*Carayon*).

> ÉDITION ORIGINALE, illustrée par *Macchiati* de 47 sujets dont 2 pour la couverture.
>
> EXEMPLAIRE imprimé sur PAPIER DE CHINE auquel on a joint 2 croquis à l'aquarelle de la couverture, *les fumés de tous les sujets*, celui de la couverture en double et 2 figures refusées ; ensemble 58 FUMÉS, ajoutés.

279. **RABELAIS**. Œuvres de Rabelais. Édition conforme aux derniers textes revus par l'auteur. Une notice et un glossaire par Pierre Jannet. Illustrations de A. Robida. *Paris, à la Librairie Illustrée, s. d.,* 2 vol. in-4, fig., mar. La Vall., dos et plats orn. de fil. et d'orn. dor. et à froid, fil. dor. et bordure à froid à l'int., gardes de moire La Vall., tr. dor., couvertures (*Ch. Meunier*).

> PREMIER TIRAGE. — Édition ornée de 600 illustrations de A. Robida, comprenant des compositions en plusieurs tons, hors texte, et en noir dans le texte.
>
> Un des 100 exemplaires sur PAPIER DE CHINE. — On y a joint un premier titre, tiré en noir, qui a été remplacé par un tiré en rouge et noir. En frontispice SUPERBE ET IMPORTANTE AQUARELLE ORIGINALE PAR A. ROBIDA. — Très belle reliure de A. Meunier exécutée sur brochure ; couvertures conservées.
>
> On y a joint un troisième volume gr. in-4 en demi-rel. mar. brun avec coins, contenant : 1. La couverture en toile du cartonnage servant d'emboîtage à l'ouvrage broché. — 2. L'affiche en couleurs de J. Chéret, mesurant 2^m.40 × 0,87. — 3. Cette même affiche (affiche d'intérieur) 1,23 × 0,86. — 4. Le prospectus de l'ouvrage (reproduisant l'affiche ci-dessus). — 5. La grande affiche en couleurs de A. Robida, mesurant 1,10 × 1,47 (en travers). Les 3 affiches sont montées sur toile et pliées de format in-4.

280. RENOUARD. La Danse. Vingt dessins de Paul Renouard transposés en harmonies de couleurs. *Paris, Charles Gillot, 1892, in-fol., en feuilles, dans un carton.*

> Collection de 20 estampes représentant *La Danseuse à l'Opéra* dans 20 poses différentes, et exécutées en typographie EN COULEURS.
> Ces estampes sont in-4, sur papier de Chine, montées sur Bristol in-fol.

281. RICHEPIN (Jean). Contes de la décadence romaine. *Paris, Charpentier, 1898, in-12, broché (Couvert.).*

> Un des 12 exemplaires imprimés sur PAPIER DE HOLLANDE.

282. RICHEPIN (Jean). Paysages et Coins de Rues, par Jean Richepin. Illustrations en couleurs dessinées et gravées sur bois par Auguste Lepère. Préface de Georges Vicaire. *Paris, Librairie de la Collection des Dix, 1900, in-8, fig., broché (Couvert. illust.).*

> Orné de 62 compositions par *Auguste Lepère*, gravées sur bois en couleurs. — Tirage à 200 exemplaires.

283. RICTUS (Jehan). Les Soliloques du pauvre. *Chez l'auteur, 1897, pet. in-4, lithographies de Sunyer,* cartonn. dos et coins vélin blanc, dos orné d'une aquarelle, non rogné *(Couvert. illust.).*

> 8 lithographies en couleurs de *Sunyer.*
> Sur le faux-titre se trouve l'envoi suivant :
> *Pour Francisque Sarcey, Hommage respectueux d'un maigre!* JEHAN RICTUS (mai 1897).

284. SALIS (Rodolphe). Contes du Chat Noir. — 1° *L'Hiver.* — 2° *Le Printemps.* — *Paris, 1891, 2 vol.* in-8, fig., dos et coins de mar. La Vall. très clair, dos orn. en mosaïque, tête dor., couvertures, non rognés *(Noulhac).*

> Ces 2 volumes sont illustrés par *Willette, H. Rivière, H. Pille, H. Somm, Loys, F. Fau, Steinlen, Uzès, Heidbrinck, Robida, Sabatier, Saint-Maurice, G. Auriol, Rœdel, Vincent.*
> Curieuse reliure, dont les ornements des dos forment un ensemble représentant plusieurs chats noirs se poursuivant.

285. SAND (George). Les Beaux Messieurs de Bois-Doré. Illustrations de Adrien Moreau gravées sur bois. *Paris, E. Testard, 1892, 2 vol. in-8, fig., mar. bleu, plats* ornés d'une décoration de fil. formant encad. avec orn.

aux angles, dos orné, doublés de moire bleue, tr. dor. (*Canape*).

Un des 75 exemplaires sur PAPIER DE CHINE, avec suite à part des figures sur bois et les 10 figures d'*Adrien Moreau*, gravées à l'eau-forte en quatre états, EAU-FORTE PURE, avec remarque, AVANT la lettre, AVANT et avec la lettre..

286. SCHLUMBERGER (Gustave). L'Epopée bysantine à la fin du dixième siècle. I. Guerres contre les Russes, les Arabes, les Allemands, les Bulgares. Luttes civiles contre les deux Bardas. Jean Tzimiscès ; les jeunes années de Basile II, le tueur de Bulgares (969-989). — II. Basile II, le tueur de Bulgares. — III. Les Porphyrogénètes Zoé et Théodora (1025-1057) *Hachette et C*, 1896-1905, 3 vol. gr. in-8, figures hors texte et dans le texte, dos et coins mar. rouge, tête dor., non rog.

287. SCHMIT (J.-P.). Les Deux Miroirs, contes pour tous. Illustrations par MM. Gavarni, C. Nanteuil, Français, Schlesinger, J.-P. Schmit, de Beaumont, Bertrand (de Chalons). *Paris, A. Royer*, 1844, gr. in-8, fig., dos et coins de mar. La Vall., dos plat orné, non rogné (*Canape*).

PREMIER TIRAGE, avec la couverture.

288. SÉVIGNÉ (Mme de). Lettres de Mme de Sévigné, de sa famille et de ses amis, recueillies et annotées par M. Monmerqué. Nouvelle édition, revue sur les autographes, les copies les plus authentiques et les plus anciennes impressions. *Paris, L. Hachette*, 1862-66, 14 vol. et 1 album, in-8, dos et coins mar. rouge, tête dor., non rog.

De la *Collection des Grands écrivains de la France*.
Bel exemplaire imprimé sur GRAND PAPIER VÉLIN.

289. SILVESTRE (Armand). Francis Thomé et Jules Cheret. La Fée du Rocher, ballet-pantomine en deux actes et six tableaux. *Paris, L. Conquet*, 1894, in fol., figures dans le texte et hors texte en couleurs, cartonn. dos et coins toile verte, non rog. (*Couverture*).

290. SOUVESTRE (Emile). Le Foyer breton, traditions populaires, illustré par MM. Tony Johannot, O. Penguilly, A. Leleux, C. Fortin et Saint-Germain. *Paris*

(1844), gr. in-8, fig., dos et coins de mar. violet à grains longs, dos orné, non rogné (*Canape*).

PREMIER TIRAGE. — Orné de 5 gravures sur acier hors texte, dont 1 portrait d'Émile Souvestre, et de 50 figures sur bois dans le texte.

Exemplaire, lavé et encollé, couverture illustrée conservée.

291. STATUTS de l'ordre du Saint-Esprit au droit désir ou du nœud institué à Naples en 1352, par Louis d'Anjou, premier du nom, roi de Jérusalem, de Naples et de Sicile. Manuscrit du xiv⁰ siècle conservé au Louvre dans le musée des souverains français, avec une notice sur la peinture des miniatures et la description du manuscrit par M. le comte Horace de Viel-Castel. *Paris, Engelmann et Graf,* 1853, in fol., planches en couleur, mar. brun, plats entièrement ornés d'encad. et semis de fleurs de lis à froid ; le milieu est orné d'une colombe dans un compart. de fil. ; dos orné à fr., gardes papier doré, tr. rouges.

17 planches lithographiées en couleurs d'après le manuscrit.

292. SUE (Eugène). Le Juif errant. Édition illustrée par Gavarni. *Paris, Paulin,* 1845, 4 vol. gr. in-8, fig., dos et coins de mar. grenat, dos plat orné, non rognés (*Canape*).

PREMIER TIRAGE. — Illustré de 600 figures par *Gavarni, Pauquet, Karl Girardet,* dont 84 hors texte.

Avec les couvertures, défraîchies.

293. THEURIET (André). La Vie rustique. Compositions et dessins de Léon Lhermitte, gravures sur bois de Clément Bellenger. *Paris, Launette et Cie,* 1888, in-4, fig., dos et coins mar. fauve, fil., dos orné de fleurs mosaïquées, tête dor., non rogné (*Ruban*).

Un des 525 exemplaires sur PAPIER VÉLIN BLANC avec les planches sur papier teinté.

294. TINAN (Jean de). L'Exemple de Ninon de Lenclos amoureuse, roman. *Paris, édition du Mercure de France,* 1898, in-12, broché.

Couverture en lithographie de Henri de Toulouse-Lautrec.
Un des 25 exemplaires imprimés sur PAPIER DE CHINE (hors commerce).

295. TOPFFER. Nouvelles genevoises par R. Topffer, illustrées d'après les dessins de l'auteur, gravures par

Best, Leloir, Hotelin et Regnier. 2ᵉ édition illustrée.
Paris, Paulin, 1849, gr. in-8, fig., dos et coins de mar.
vert, dos plat orné, tête dor., ébarbé (*Champs*).

> Deuxième édition semblable à l'originale. Ornée de 200 gravures
> sur bois, dont 40 sujets hors texte. Couverture conservée.

296. TRESMIN-TREMOLIÈRE (Dᵣ). La Cité d'amour au
Japon (Courtisanes du Yoshiwara). Illustrations de
R. de la Nézière. *Librairie universelle, s. d.*, pet. in-8,
figures en noir et en couleur, broché (*Couverture illustrée*).

> Un des 30 exemplaires imprimés sur PAPIER DU JAPON avec les
> figures en double épreuve : en noir et coloriées.

297. VEBER'S (les). Les Veber's. Les Veber's. Les
Veber's. *Paris, Émile Testard*, 1895. — LA JOVIALE
COMÉDIE, par les Veber's. *Paris, H. Simonis Empis*,
1896. — Ensemble 2 vol. gr. in-8, fig., cartonn. dos
et coins de mar. citron, dos orn. en or et mosaïque,
têtes dor., non rognés (*Ch. Meunier*).

> Ces 2 volumes se composent d'un texte humoristique par *Pierre
> Veber*, orné d'un très grand nombre d'illustrations par *Jean Veber*.
> Couvertures illustrées en couleurs.
> Exemplaires sur PAPIER DU JAPON, tirage à 25 exemplaires pour
> le premier volume et à 30 pour le second.

298. VEBER'S (les). Les Veber's. Les Veber's. *Paris,
Émile Testard*, 1895. — La Joviale comédie, par les
Veber's *Paris, Simonis Empis*, 1896. — Ensemble
2 vol. gr. in-8, fig., cartonn. dos et coins de mar.
bleu, non rognés, couvert. (*Carayon*).

> PAPIER DU JAPON.

299. VEBER'S (les). Les Veber's. Les Veber's, *Paris,
Émile Testard*, 1895 ; in-8, fig., broché. (*Couv. illust.*)

> Texte de *Pierre Veber*, orné d'un grand nombre d'illustrations de
> *Jean Veber*.
> Exemplaire sur PAPIER DE CHINE. Envoi de l'auteur.

300. VERLAINE (Paul). Fêtes galantes, ornées de 69
dessins par A. Gérardin, gravées sur bois par les mem-
bres de la Société. *Paris, Société du Livre illustré*,
1899, in-8, fig., broché.

> Tirage à 250 exemplaires.

301. VERLAINE (Paul). Parallèlement. Lithographies

originales de Pierre Bonnard. *Paris, Imprimerie Na-
tionale ; Ambroise Vollard, Éditeur,* 1900 ; in-4, fig.,
broché (*couvert. imp.*).

> Édition imprimée à l'*Imprimerie Nationale* avec une fonte nou-
> velle de caractères gravés, en 1540, par *Garamond*, et illustrée de
> 100 lithographies originales de *Pierre Bonnard*, tirées à la presse à
> bras par *Auguste Clot* ; ornements par *Pierre Bonnard*, gravés sur
> bois par *T. Bertrand*.
> Tirage à 200 exemplaires. — Un des 170 ex. sur PAPIER DE HOL-
> LANDE, portant en filigrane le mot *Parallèlement*.

302. VIGNY (A. de). Chatterton, drame par le comte
Alfred de Vigny. *Paris, Hippolyte Souverain,* 1835,
in-8, frontispice par Ed. May sur PAPIER DE CHINE
collé, dos et coins mar. bleu, fil., dos plat orné, non
rog., (*Couverture*).

> ÉDITION ORIGINALE, avec la couverture conservée et 2 prospec-
> tus de l'éditeur, ajoutés.
> Bel exemplaire.

303. VIGNY (Alfred de). Cinq-Mars, ou une Conjuration
sous Louis XIII. *Paris, Quantin,* 1889 ; 2 vol. gr. in-8,
fig., brochés (*Couvert.*).

> Édition ornée d'un portrait, de 12 eaux-fortes par *Dawant*, gra-
> vés par *Gaujean* et de 26 en-têtes dans le texte.
> Un des 50 exemplaires sur GRAND PAPIER A LA CUVE, tirés spé-
> cialement pour la Librairie Ferroud, avec les figures en triple état,
> dont l'EAU-FORTE PURE.

304. VIGNY (Alfred de). Servitude et Grandeur militaires. *Paris, Armand Magnier,* 1898 ; 2 vol. in-8,
fig., brochés.

> Le 1er volume est illustré par *Albert Dawant* de 26 compositions,
> dont 5 hors texte, gravées par *Louis Muller*. — Le 2e volume est
> illustré par *J.-P. Laurens* de 19 compositions, dont 5 hors texte,
> gravées à l'eau-forte par *Champollion* et *Decisy*.
> Un des 40 exemplaires sur PAPIER VÉLIN D'ARCHES avec 3 états
> des eaux-fortes hors texte et 2 états des vignettes.

305. VILLIERS DE L'ISLE-ADAM (Cte de). Akëdyssé-
ril. *Paris,* 1886 ; in-8, fig., broché.

> ÉDITION ORIGINALE, imprimée à 250 exemplaires sur PAPIER DU
> JAPON.
> Orné d'un portrait de Villiers de l'Isle-Adam, d'un frontispice,
> d'un en-tête et d'un cul-de-lampe par *Félicien Rops* ; le frontispice
> est en triple état et les vignettes sont *en noir* dans le texte, et *en san-*
> *guine*, en TIRAGE A PART.

306. VILLIERS DE L'ISLE-ADAM (Cte de). L'Annon-

ciateur. Dix compositions de Louis-Ed. Fournier. *Paris, A Ferroud*, 1905, pet. in-12, figures, broché.

Un des 40 exemplaires imprimés sur PAPIER DU JAPON, avec les eaux-fortes en un seul état.

307. VILLIERS DE L'ISLE-ADAM (Cte de). Histoires souveraines. *Bruxelles, Deman*, 1899; in-8, broché (*Couvert. imp.*).

Ornements par *Van Rysselberghe.*

308. VILLON (François). Les Ballades. Soixante-dix illustrations de A. Gérardin, gravées par Jules Tynaire. *Paris, Edouard Pelletan*, 1896; in-8, fig., dos et coins de veau olive, dos orné, tête dor., non rogné (*Champs*).

Un des 100 ex. sur PAPIER VÉLIN DU MARAIS, avec *tirage à part* des illustrations sur PAPIER DU JAPON ANCIEN.

309. **VORAGINE** (J. de). La légende dorée, traduction française de H. Piazza. Dessins et lithographies de A. Lunois. *Paris, G. Boudet*, 1896; in-4, fig., mar. brun, plat recto orné d'une importante composition en mosaïque de maroquins de plusieurs couleurs, formée d'une grande palme et d'une grande branche d'olivier avec deux couronnes d'épines, gardes en étoffe brochée encad. de fil., tr. dor. (*Canape*).

Très belle édition contenant 12 légendes traduites en français avec illustrations comprenant des encadrements sur bois et 75 lithographies EN COULEURS, entourant le texte.
Un des 25 ex. sur PAPIER DE CHINE, avec un TIRAGE A PART, en noir, de toutes les illustrations.

310. VILLY (Colette). Sept dialogues de bêtes. Préface de Francis Jammes. *Paris, Société du Mercure de France*, 1905, in-12, portrait de l'auteur, broché (*Couverture*).

ÉDITION ORIGINALE.
Un des 12 exemplaires imprimés sur PAPIER DE HOLLANDE.

311. ZO D'AXA. Les Feuilles. Dessins de Steinlen, Willette, Léandre, Hermann-Paul, Couturier, Luce. *Paris,* 1900; *Société libre d'édition des gens de lettres,* in-8, fig., cartonn. dos et coins de mar. rouge, tête dor., non rogné (*Couvert.*).

Réunion en volume des placards publiés par Zo d'Axa.

Un des 24 exemplaires sur PAPIER DE CHINE (non mis dans le commerce), auquel on a joint une seconde suite des illustrations sur PAPIER DE CHINE.

312. ZOLA (Emile). La Curée. Compositions de Georges Jeanniot. *Paris, Em. Testard*, 1894, gr. in-8, figures, broché (*Couverture illustrée*).

Exemplaire sur PAPIER DE CHINE, avec les eaux-fortes en trois états dont l'EAU-FORTE PURE et le TIRAGE A PART des bois sur papier de Chine.

313. ZOLA (Emile). Une Page d'amour, précédée d'une lettre-préface avec dessins d'Edouard Dantan, gravés à l'eau-forte par A. Duvivier. *Paris, Librairie des Bibliophiles*, 1884; 2 vol. gr. in-8, fig., brochés.

Un des 20 exemplaires sur GRAND PAPIER DE CHINE, contenant les figures en double état, AVANT la lettre et avec la lettre.

314. ZOLA (Emile). Une Page d'amour. Compositions de François Thévenot. *Paris, Emile Testard.* 1895; gr. in-8, fig., broché.

Édition illustrée par *Thévenot* de 90 compositions sur bois dans le texte et de 6 eaux-fortes hors texte.

Un des 130 exemplaires sur GRAND PAPIER DE CHINE avec tirage à part des illustrations sur bois et une triple suite des hors texte dont l'EAU-FORTE PURE.

CHARTRES. — IMPRIMERIE DURAND, RUE FULBERT.

9 782329 518015